IDEALNA KSIĄŻKA KUCHARSKA DLA POCZĄTKUJĄCYCH

100 przepisów na opanowanie sztuki pieczenia i tworzenie wspaniałych deserów dla przyjaciół i rodziny

MARINA WITKOWSKI

Wszelkie prawa zastrzeżone.

Zastrzeżenie

Informacje zawarte w tym eBooku mają służyć jako obszerny zbiór strategii, na temat których autor tego eBooka przeprowadził badania. Podsumowania, strategie, wskazówki i triki są tylko zaleceniami autora, a przeczytanie tego eBooka nie gwarantuje, że czyjeś wyniki będą dokładnie odzwierciedlać wyniki autora. Autor eBooka dołożył wszelkich uzasadnionych starań, aby zapewnić aktualne i dokładne informacje dla czytelników eBooka. Autor i jego współpracownicy nie ponoszą odpowiedzialności za jakiekolwiek niezamierzone błędy lub pominięcia, które mogą zostać znalezione. Materiał w eBooku może zawierać informacje pochodzące od osób trzecich. Materiały osób trzecich zawierają opinie wyrażone przez ich właścicieli. W związku z tym autor eBooka nie ponosi odpowiedzialności za materiały lub opinie osób trzecich.

Książka elektroniczna jest chroniona prawami autorskimi © 2022 z wszelkimi prawami zastrzeżonymi. Redystrybucja, kopiowanie lub tworzenie prac pochodnych na podstawie tego eBooka w całości lub w części jest nielegalne. Żadna część tego raportu nie może być reprodukowana ani retransmitowana w jakiejkolwiek formie reprodukowanej lub retransmitowanej w jakiejkolwiek formie bez pisemnej wyraźnej i podpisanej zgody autora.

SPIS TREŚCI

SPIS TREŚCI 3

WPROWADZANIE 7

KRUCHE CIASTECZKA 9

    1. Kruche ciasteczka migdałowe 10
    2. Kruche ciasteczka z brązowego cukru 12
    3. Kruche ciasteczka z orzechami makadamia w czekoladzie 14
    4. Owocowe kruche ciasteczka 17
    5. Lawendowe kruche ciasteczka 20
    6. Kruche ciasteczka mokka 23
    7. Orzechowe kruche ciasteczka 26
    8. Przyprawione kruche ciasteczka 29
    9. Orzechowe kruche ciasteczka 31
    10. Kruche ciasteczka z orzechami laskowymi z Oregonu 34

CZEKOLADOWE CIASTECZKA 36

    11. Ciasteczka Precel i Karmel 37
    12. Konopne ciastko Buckeye 39
    13. Ciasteczka z ciasta mix 41
    14. Diabelskie ciasteczka chrupiące 43
    15. Orzechowe ciasteczka 45
    16. Ciasteczka z bitą śmietaną 47
    17. Ciasto Mix Ciasteczka Kanapkowe 49
    18. Ciasteczka Granola i Czekoladowe 51
    20. Niemieckie ciasteczka 53
    21. Ciasteczka anyżkowe 55
    22. Słodkie zielone ciasteczka 58
    23. Ciasteczka z kawałkami czekolady 60

BISCOTTI 63

    24. Brązowy biszkopt 64

25. Biscotti Migdałowe 67
26. Biscotti z Anyżu 70
27. Biscotti Anyżowo-Cytrynowe 73
28. Biscotti Wiśniowe 76
29. Biscotti z Orzechami Laskowymi i Morelami 79
30. Biscotti Cytrynowo-Rozmarynowe 82

Ciasteczka Cukrowe 84

31. Ciasteczka z Cukrem Migdałowym 85
32. Cukrowe Ciasteczka 88
33. Ciasteczka Cukrowe z Polewą Maślaną 90
34. Migdałowe Ciasteczka z Cegiełkami 93
35. Amiszowe Ciasteczka z Cukrem 95
36. Podstawowe Ciasteczka ze Smalcem 98
37. Ciasteczka z Cukrem Cynamonowym 100
38. Pęknięte Ciasteczka z Cukrem 102
39. Ciasteczka z Cukrem Pekanowym 104
40. Przyprawowe Ciasteczka Cukrowe 106
41. Ciasteczka z Cukrem Pistacjowym 108

Ciasteczka Serowe 110

42. Serowe Ciasteczka z Przystawkami 111
43. Ciasteczka z Kawałkami Czekolady 113
44. Ciasteczka z Serkiem Morelowym 115
45. Serowe Ciasteczka z Masłem Orzechowym 118
46. Ciastka z Serka Wiejskiego 120
47. Ciasteczka Owsiane z Twarogiem 122
48. Serowe i Galaretkowe Ciasteczka 124
49. Ciasteczka z Serkiem Śmietankowym 126
50. Ciastko z Masłem Orzechowym Jumbo z Serkiem Śmietankowym 129
51. Meksykańskie Ciasteczka Serowe 131
52. Pomarańczowo-kremowe Ciasteczka Serowe 133
53. Ciasteczka Ziołowo-Serowo-Jabłkowe 135

54.	Ciasteczka z serem Ricotta	137
55.	Czekoladowe ciasteczka serowe do żucia	139

CIASTECZKA Z IMBIREM 141

56.	Babcine pierniki	142
57.	Piernikowe Chłopcy	144
58.	Czekoladowe Kulki Rumowe	147
59.	Ciasteczka z melasą imbirową	149
60.	Ciasteczka świąteczne imbirowe do żucia	152
61.	Upuść imbirowe ciasteczka	154
62.	Ciasteczka imbirowo-cytrynowe	156
63.	Ciasteczka imbirowe o niskiej zawartości tłuszczu	158
64.	Ciasteczka dyniowe i świeże imbirowe	160
65.	Miękkie ciasteczka imbirowe	162
66.	Imbirowe ciasteczka słodkich snów	164

PORZUCONE CIASTECZKA 166

67.	Pomarańczowe Krople Żurawinowe	167
68.	Krople śliwkowe cukrowe	170
69.	Wiedeńskie Ciasteczka Świąteczne Półksiężyca	172
70.	Krople żurawinowe Hootycreeks	175
71.	Ciasteczka z jabłkami i rodzynkami	177
72.	Ciasteczka z jagodami	180
73.	Ciasteczka z wiśniami	182
74.	Ciasteczka z kropli kakao	184
75.	Upuść ciasteczka z datą	186
76.	Ciasteczka z diabelskim jedzeniem	189
77.	Ciasteczka z orzechów hikorowych	192
78.	Ciasteczka z ananasem	194
79.	Ciasteczka z rodzynkami i ananasem	196
80.	Ciasteczka z cukinii	198

KANAPKI Z CIASTECZKAMI 200

81.	Ciasteczka Czekoladowe z Truflami	201

82.	Kanapki z kremem owsianym	205
83.	Ptysie z kremem i ciastko z eklerami	209
84.	Kanapka z lodami?	212
85.	Truskawkowe włoskie kanapki	214
86.	Ciasto marchewkowe kanapki	217
87.	Lody imbirowo-orzechowe	220
88.	Ciastko czekoladowe i kanapka waniliowa	223
89.	Kanapka z lodami sojowymi waniliowymi	226
90.	Rentgenowskie kanapki z lodami	229
91.	Lody Czekoladowo Sojowe	232
92.	Kanapki z podwójną czekoladą	235
93.	Kanapka z lodami czekoladowo-kokosowymi	238
94.	Mrożone banany czekoladowe	241
95.	Kanapka z lodami?	244

SNICKERDOODLE ... 246

96.	Snickerdoodles z mąki kukurydzianej	247
97.	Snickerdoodles o niskiej zawartości tłuszczu	250
98.	Snickerdoodles pełnoziarniste	253
99.	Snickerdoodles z ajerkoniakiem	256
100.	Snickerdoodles czekoladowe	259

WNIOSEK ... 262

WPROWADZANIE

Słowo cookie odnosi się do „małych ciastek" wywodzących się od holenderskiego słowa „koekje" lub „koekie". Ciasteczka zawierają wiele takich samych składników jak ciastka, z wyjątkiem tego, że mają mniejszą proporcję płynu z większą proporcją cukru i tłuszczu w stosunku do mąki.

Przepisy na ciastka mogą być przygotowywane w niezliczonych kształtach, smakach i teksturach oraz mogą być dekorowane. Wydaje się, że każdy kraj ma swojego faworyta: w Ameryce Północnej jest to kawał czekolady; w Wielkiej Brytanii to kruche ciasteczka; we Francji to sobole i makaroniki; i jego biscotti we Włoszech.

Przepisy na ciasteczka są zwykle podzielone na kategorie według płynności ich ciasta lub ciasta, określając sposób ich formowania - Batony, Dropped, Icebox / Lodówka, Formowane, Prasowane lub Walcowane. Ponadto niektóre typy plików cookie są podtypami innych. Rodzaj przepisu na ciastko, który ma być przygotowany, determinuje sposób ich mieszania, ale w większości stosuje się konwencjonalną metodę ciasta lub śmietanki. Ciasteczka mogą być pieczone lub nazywane bez pieczenia, gdzie mogą być wykonane z gotowych do spożycia płatków zbożowych, takich jak przysmaki ryżowe, płatki owsiane, orzechy, suszone owoce lub kokos i trzymane razem z ugotowanym syropem lub podgrzaną bazą cukrową takie jak roztopione pianki i masło.

KRUCHE CIASTECZKA

1. Kruche ciasteczka migdałowe

Wydajność: 3 tuziny

Składniki

- 1 szklanka mąki uniwersalnej
- $\frac{1}{2}$ szklanki mąki kukurydzianej
- $\frac{1}{2}$ szklanki cukru pudru
- 1 szklanka drobno posiekanych migdałów
- $\frac{3}{4}$ filiżanka masła; zmiękczony

Wskazówki

a) Połącz mąkę, skrobię kukurydzianą i cukier puder; wmieszać migdały. Dodaj masło; miksuj drewnianą łyżką, aż powstanie miękkie ciasto.

b) Uformuj ciasto w małe kulki. Umieść na nienatłuszczonej blasze; spłaszcz każdą kulkę lekko posypanym mąką widelcem. Piecz w 300 stopniach przez 20-25 minut lub do momentu, aż brzegi się lekko zarumienią.

c) Schłodzić przed przechowywaniem.

2. Kruche ciasteczka z brązowego cukru

Wydajność: 12 porcji

Składniki

- 1 szklanka masła niesolonego; temperatura pokojowa
- 1 szklanka Pakowany jasnobrązowy cukier
- 2 filiżanki mąki uniwersalnej
- $\frac{1}{4}$ łyżeczki soli
- 1 łyżka cukru
- 1 łyżeczka mielonego cynamonu

Wskazówki

a) Rozgrzej piekarnik do 325 stopni. Lekko posmaruj tortownicę 9". Mikserem elektrycznym ubij 1 szklankę masła w większej misce, aż będzie jasna i puszysta.

b) Dodaj brązowy cukier i dobrze ubij. Za pomocą gumowej szpatułki wymieszaj mąkę i sól (nie przesadzaj). Wciśnij ciasto do przygotowanej patelni. Połącz cukier i cynamon w małej misce. Posyp ciasto cukrem cynamonowym. Pokrój ciasto na 12 kawałków, używając linijki jako prowadnicy i przecinając ciasto. Każdy klin nakłuć kilka razy wykałaczką.

c) Piecz przez około 1 godzinę, aż kruche ciasto będzie brązowe, jędrne na brzegach i lekko miękkie w środku. Schłodzić kruche ciasto całkowicie na patelni na ruszcie. Usuń boki patelni.

3. Kruche ciasteczka z orzechami makadamia w czekoladzie

Wydajność: 36 porcji

Składniki

- 1 szklanka masła
- ¾ szklanki cukru pudru
- 1 łyżeczka wanilii
- 2 szklanki przesianej mąki
- ¾ szklanka posiekanych orzechów makadamia
- 1 szklanka kawałków czekolady mlecznej lub -
- 1 szklanka półsłodkich chipsów czekoladowych
- 1½ łyżeczki Skrócenie warzywne

Wskazówki

a) W dużej misce ubić masło, cukier i wanilię na jasną i puszystą masę. Stopniowo mieszaj mąkę, aż dobrze się połączą. Dodaj orzechy makadamia.

b) Umieść ciasto na papierze woskowym i uformuj w rolkę o średnicy dwóch cali.

c) Zawiń w papier i folię i schłódź co najmniej dwie godziny lub przez noc.

d) Rozgrzej piekarnik do 300 stopni. Pokrój bułkę w plastry ok. ¼ do ½ cala grubości. Piecz na nienatłuszczonej blasze do pieczenia przez 20 minut lub do momentu, gdy ciasteczka zaczną brązowieć. Wyjmij z piekarnika; schłodzić na stojaku z drutu.

e) W międzyczasie w małej miseczce rozpuść wiórki czekoladowe (dobrze działa mikrofalówka) i zamieszaj tłuszcz. Dobrze wymieszaj. Zanurz jeden koniec każdego ciasteczka w mieszance czekoladowej i umieść na papierze woskowanym.

f) Włóż ciasteczka do lodówki, aż czekolada stwardnieje. Przechowywać w chłodnym miejscu. Robi 2-3 tuziny ciasteczek.

4. Owocowe kruche ciasteczka

Wydajność: 36 porcji

Składniki

- 2½ szklanki mąki
- 1 łyżeczka kremu z tatara
- 1½ szklanki cukru cukierniczego
- 1 9 uncji pudełko Brak takiego mięsa mielonego
- 1 łyżeczka wanilii
- 1 łyżeczka sody oczyszczonej
- 1 szklanka masła, zmiękczonego
- 1 jajko

Wskazówki

a) Rozgrzej piekarnik do 375F. 2. Połącz mąkę, wodę sodową i krem tatarski.

b) W dużej misce ubij masło z cukrem na puszystą masę. Dodaj jajko.

c) Dodać wanilię i pokruszone mięso mielone.

d) Dodaj suche składniki. Dobrze wymieszać ciasto będzie sztywne.

e) Zwiń w kulki 1¼". Ułóż na nienatłuszczonej blasze, lekko spłaszcz.

f) Piecz 10-12 minut lub do lekkiego zarumienienia. Jeszcze ciepłe przykryj polewą z cukru pudru, mleka i wanilii.

5. Lawendowe kruche ciasteczka

Wydajność: 1 partia

Składniki

- ½ szklanki niesolonego masła w temperaturze pokojowej
- ½ szklanki nieprzesianego cukru cukierniczego
- 2 łyżeczki suszonych kwiatów lawendy
- 1 łyżeczka pokruszonych suszonych liści mięty zielonej
- ⅛ łyżeczka cynamonu
- 1 szklanka nieprzesianej mąki

Wskazówki

a) Rozgrzej piekarnik do 325 F. Przygotuj 8-calową kwadratową formę do pieczenia, wykładając ją folią aluminiową i lekko pokryj folię sprayem z oleju roślinnego.

b) Utrzeć masło na jasną i puszystą masę. Dodaj cukier, lawendę, miętę i cynamon. Wmieszaj mąkę i mieszaj, aż masa będzie krucha. Zeskrob go do przygotowanej patelni i rozprowadź do poziomu, lekko dociskając, aby równomiernie go zagęścić.

c) Piecz przez 25 do 30 minut, aż brzegi się lekko zarumienią.

d) Delikatnie podnieś folię i kruche ciasto z patelni na powierzchnię do krojenia. Pokrój batony ząbkowanym nożem.

e) Przełóż do drucianej podstawki, aby całkowicie ostygło. Przechowywać w szczelnie zamkniętej puszce.

6. Kruche ciasteczka mokka

Wydajność: 18 porcji

Składniki

- 1 łyżeczka kawy rozpuszczalnej Nescafe Classic
- 1 łyżeczka wrzącej wody
- 1 opakowanie (12 uncji) półsłodkich kawałków czekolady Nestle Toll House; podzielony
- ¾ filiżanka masła; zmiękczony
- 1¼ szklanki przesianego cukru cukierniczego
- 1 Mąkę o wszechstronnym przeznaczeniu
- ⅓łyżeczka soli

Wskazówki

a) Rozgrzej piekarnik do 250 stopni. W filiżance rozpuść kawę rozpuszczalną Nescafe Classic we wrzącej wodzie; odłożyć na bok. Rozpuść w gorącej (nie wrzącej) wodzie, 1 szklanka półsłodkiej czekolady Nestle Toll House; mieszaj, aż będzie gładka.

b) Usuń z ognia; odłożyć na bok. W dużej misce wymieszać masło, cukier cukierniczy i kawę; ubijaj, aż będzie gładka. Stopniowo mieszaj mąkę i sól.

c) Dodać roztopione kąski. Rozwałkuj ciasto między dwoma kawałkami woskowanego papieru do grubości 3/16 cala. Usuń górny arkusz; wytnij ciasteczka za pomocą 2-½-calowego foremki do ciastek. Zdejmij z woskowanego papieru i umieść na nienatłuszczonych arkuszach ciastek. Piec w 250 stopniach przez 25 minut. Całkowicie schłodzić na rusztach.

d) Rozpuść w gorącej (nie wrzącej) wodzie, pozostała 1 szklanka Nestle Toll House półsłodkie kawałki czekolady; mieszaj, aż będzie gładka. Rozłóż lekko zaokrągloną łyżeczkę roztopionej czekolady na płaskiej stronie ciastka; góra z drugim ciasteczkiem. Powtórz z pozostałymi ciasteczkami.

e) Schłódź do czasu stwardnienia. Odstawić w temperaturze pokojowej na 15 minut przed podaniem. Robi około 1-½ tuzina 2-½-calowych ciasteczek.

7. Orzechowe kruche ciasteczka

Wydajność: 30 porcji

Składniki

- 250 mililitrów masła; Niesolone, Zmiękczone
- 60 mililitrów kremowego masła orzechowego
- 1 duże Białe Jajko; Rozdzielony
- 5 mililitrów ekstraktu waniliowego
- 325 mililitrów uniwersalnej mąki
- 250 mililitrów staroświeckich płatków owsianych
- 60 mililitrów kiełków pszenicy
- 250 mililitrów solone prażone na sucho orzeszki ziemne; drobno posiekane
- 250 mililitrów jasnobrązowego cukru; mocno zapakowane

Wskazówki

a) W misce z mikserem utrzeć razem Masło, Masło Orzechowe, Cukier, a następnie ubić żółtko i ekstrakt waniliowy.

b) Dodaj mąkę, płatki owsiane i kiełki pszenicy i ubijaj mieszankę, aż się połączą. Rozłóż ciasto równomiernie na posmarowanej masłem patelni do galaretek o wymiarach 40 x 27 x 2½ cm (40 x 27 x 2½ cm) wygładzając wierzch, posmaruj białkiem jajka, lekko ubite na cieście, a następnie posyp je równomiernie orzeszkami ziemnymi.

c) Piecz miksturę w środku rozgrzanego do 150 C piekarnika przez 25 do 30 minut lub do momentu, gdy wierzch będzie złocistobrązowy.

d) Przenieś patelnię na drucianą podstawkę, aby ostygła. Gdy mieszanina jest jeszcze GORĄCA, pokrój na małe równe kwadraty i pozwól ciastkom całkowicie ostygnąć na patelni.

8. Przyprawione kruche ciasteczka

Wydajność: 30 porcji

Składniki

- 1 szklanka margaryny, zmiękczonej
- ⅔ szklanki przesianego cukru pudru
- ½ łyżeczki mielonej gałki muszkatołowej
- ½ łyżeczki mielonego cynamonu
- ½ łyżeczki mielonego imbiru
- 2 filiżanki mąki uniwersalnej

Wskazówki

a) Masło śmietankowe; stopniowo dodawać cukier, ubijając na średnich obrotach miksera elektrycznego, aż będzie jasna i puszysta. Dodaj przyprawy i dobrze ubij.

b) Dodaj mąkę. Ciasto będzie sztywne. Uformuj ciasto w kulki o wielkości 1 i pół cala i umieść 2 cale od siebie na lekko natłuszczonych blaszkach do ciastek. Delikatnie dociśnij ciasteczka pieczęcią posypaną mąką lub widelcem, aby spłaszczyć je do grubości ¼ cala. Piecz w 325 przez 15 do 18 minut lub do końca. Ostudzić na drucianych stojakach.

9. Orzechowe kruche ciasteczka

Wydajność: 2 tuziny

Składniki

- ¾ funtów masła
- 1 szklanka cukru cukierniczego
- 3 szklanki mąki, przesianej
- ½ łyżeczki soli
- ½ łyżeczki wanilii
- ¼ szklanki) cukru
- ¾ szklanka Pekanów, drobno posiekana

Wskazówki

a) Utrzeć masło i cukier cukierniczy na jasno.

b) Przesiej mąkę i sól razem i dodaj do ubitej śmietany. Dodaj wanilię i dokładnie zmiksuj. Dodaj orzechy pekan.

c) Zbierz ciasto w kulkę, zawiń w papier woskowany i schłódź, aż będzie jędrne.

d) Rozwałkuj schłodzone ciasto do grubości ½ cala. Za pomocą foremki do ciastek wytnij ciasteczka. Posyp cukrem granulowanym. Ułóż wycięte ciasteczka na nienatłuszczonej blasze i wstaw do lodówki na 45 minut przed pieczeniem.

e) Rozgrzej piekarnik do 325F. Piecz przez 20 minut lub do momentu, aż zacznie się lekko kolorować; ciasteczka w ogóle nie powinny się brązowieć. Schłodzić na stojaku.

10. Kruche ciasteczka z orzechami laskowymi z Oregonu

Wydajność: 36 ciasteczek

Składniki
- 1 szklanka prażonych orzechów laskowych z Oregonu
- $\frac{3}{4}$ filiżanka masła; schłodzony
- $\frac{3}{4}$ filiżanka cukru
- $1\frac{1}{2}$ szklanki mąki niebielonej

Wskazówki

a) Zmiel prażone orzechy laskowe w robocie kuchennym na grube mielenie. Dodaj masło i cukier i dokładnie zmiksuj. Do miski wsypać orzechy, masło i cukier i dodawać mąkę ($\frac{1}{2}$ szklanki na raz) dokładnie mieszając każdy dodatek. Połącz mieszaninę w kulkę.
b) Zrób kulki 1-$\frac{1}{2}$ cala i umieść na nieprzywierającym arkuszu ciastek, około $\frac{1}{2}$ cala od siebie.
c) Piec w 350 przez 10-12 minut. Resztę ciasta wstawić do lodówki, aż będzie gotowe do pieczenia.

CZEKOLADOWE CIASTECZKA

11. Ciasteczka Precel i Karmel

Robi około 2 tuziny

Składniki

- 1 opakowanie ciasta czekoladowego (rozmiar standardowy)
- 1/2 szklanki roztopionego masła
- 2 duże jajka o temperaturze pokojowej
- 1 szklanka połamanych miniaturowych precli, podzielonych
- 1 szklanka półsłodkich chipsów czekoladowych
- 2 łyżki słonego karmelu

Wskazówki

a) Rozgrzej piekarnik do 350°. Połącz masę do ciasta roztopione masło i jajka; ubijaj, aż się zmiksuje. Wymieszaj 1/2 szklanki precli, chipsy czekoladowe i polewę karmelową.

b) Upuść zaokrąglonymi łyżkami stołowymi 2 cale od siebie na wysmarowaną tłuszczem blachę do pieczenia. Lekko spłaszczyć dnem szklanki; wciśnij pozostałe precle na wierzch każdego. Piec 8-10 minut lub do zastygnięcia.

c) Schłodzić na patelniach przez 2 minuty. Wyjmij do drucianych stojaków do całkowitego ostygnięcia.

12. Konopne ciastko Buckeye

Na 12 porcji

Składniki

- 1 opakowanie ciasta czekoladowego (rozmiar standardowy)
- 2 duże jajka o temperaturze pokojowej
- 1/2 szklanki oliwy z oliwek
- 1 szklanka półsłodkich chipsów czekoladowych
- 1 szklanka kremowego masła orzechowego
- 1/2 szklanki cukru cukierniczego

Wskazówki

- Rozgrzej piekarnik do 350°.
- W dużej misce połącz ciasto, jajka i olej, aż się połączą. Wymieszać z kawałkami czekolady. Wciśnij połowę ciasta do 10-calowego. żeliwna lub inna patelnia żaroodporna.
- Połącz masło orzechowe i cukier cukierniczy; rozłożyć na cieście na patelni.
- Wciśnij pozostałe ciasto między arkuszami pergaminu do 10-calowego. okrąg; miejsce przepełnienia.
- Piec, aż wykałaczka włożona na środek wyjdzie z wilgotnymi okruchami, 20-25 minut.

13. Ciasteczka z ciasta mix

Daje: 54 porcje

Składniki

- 1 opakowanie niemieckiej mieszanki ciast czekoladowych; w zestawie budyń
- 1 szklanka półsłodkich chipsów czekoladowych
- ½ szklanki płatków owsianych
- ½ szklanki rodzynek
- ½ szklanki oliwy z oliwek
- 2 jajka; lekko pobity

Wskazówki

a) Rozgrzej piekarnik do 350 stopni.

b) W dużej misce połącz wszystkie składniki; dobrze wymieszać. Upuść ciasto zaokrąglonymi łyżeczkami w odstępie dwóch cali na nienatłuszczone arkusze ciastek.

c) Piec w 350 stopniach przez 8-10 minut lub do zastygnięcia. Fajna 1 minuta; usunąć z arkuszy ciasteczek.

14. Diabelskie ciasteczka chrupiące

Sprawia: 60 CIASTECZEK

Składniki

- 1 mieszanka ciasta czekoladowego o wadze 18,25 uncji
- ½ szklanki oliwy z oliwek
- 2 jajka, lekko ubite
- ½ szklanki posiekanych orzechów pekan
- 5 zwykłych batonów mlecznej czekolady, podzielonych na kwadraty
- ½ szklanki słodzonego płatka kokosowego

Wskazówki

a) Rozgrzej piekarnik do 350 ° F.
b) Połącz ciasto, olej i jajka w misce i całkowicie wymieszaj. Delikatnie złóż orzechy pekan w cieście.
c) Upuść ciasto łyżkami na nienatłuszczone arkusze ciastek. Piecz przez 10 minut. Usuń, gdy ciasteczka są ustawione, ale nadal nieco miękkie w środku.
d) Na każdym ciasteczku połóż jedną kostkę mlecznej czekolady. Gdy się rozpuści, posmaruj wierzch ciasteczka czekoladową powłoką.
e) Natychmiast przenieś ciasteczka na ruszt i pozwól im całkowicie ostygnąć.

15. Orzechowe ciasteczka

Sprawia: 24 COOKIES

Składniki

- 1 szklanka mieszanki masła z orzechami pekan
- 1 szklanka mieszanki ciasta czekoladowego
- 2 jajka, lekko ubite
- ½ szklanki oliwy z oliwek
- 2 łyżki wody

Wskazówki

a) Rozgrzej piekarnik do 350 ° F.
b) Połącz składniki i wymieszaj, aby uzyskać równomierne ciasto.
c) Upuść łyżkami na nienatłuszczoną blachę do ciastek. Piecz przez 15 minut lub do zrumienienia i zastygnięcia.
d) Ostudzić na blasze przez 5 minut. Wyjmij na drucianą podstawkę, aby całkowicie ostygło.

16.   ciasteczka z bitą śmietaną

sprawia, że; 48 COOKIES

Składniki

- 1 pudełko czekoladowe o pojemności 18 uncji
- 1 łyżka kakao w proszku
- 1 jajko
- 1 szklanka posiekanych orzechów pekan
- $\frac{1}{4}$ szklanki) cukru
- 4 uncje bitej polewy

Wskazówki

a) Rozgrzej piekarnik do 350 ° F.
b) Połącz masę do ciasta, proszek kakaowy i jajko i dobrze wymieszaj. Delikatnie złóż orzechy pekan w ciasto.
c) Posmaruj dłonie cukrem, a następnie uformuj małe kulki. Posmaruj kulki cukrem.
d) Umieść na blasze, pozostawiając 2 cale między ciasteczkami.
e) Piec 12 minut lub do zastygnięcia. Wyjmij z piekarnika i przełóż na ruszt do ostygnięcia. Top z bitą posypką.

17. Ciasto Mix Ciasteczka Kanapkowe

Sprawia: 10

Składniki

- 1 pudełko czekoladowe o pojemności 18,25 uncji
- 1 jajko, temperatura pokojowa
- ½ szklanki masła
- 1 12-uncjowy lukier waniliowy

Wskazówki

a) Rozgrzej piekarnik do 350 ° F.
b) Przykryj arkusz ciastek warstwą pergaminu. Odłożyć na bok.
c) W dużej misce wymieszać ciasto, jajko i masło. Użyj miksera elektrycznego, aby stworzyć gładkie, jednolite ciasto.
d) Rozwałkuj ciasto na kulki o średnicy 1 cala i ułóż je na blasze. Przyciśnij każdą kulkę łyżką, aby się spłaszczyć. Piecz przez 10 minut.
e) Pozwól ciastkom całkowicie ostygnąć przed włożeniem warstwy lukru między dwa ciasteczka.

18. Ciasteczka Granola i Czekoladowe

Sprawia: 36 COOKIES

Składniki

- 1 mieszanka ciasta czekoladowego o wadze 18,25 uncji
- ¾ filiżanka masła, zmiękczonego
- ½ szklanki zapakowanego brązowego cukru
- 2 jajka
- 1 szklanka muesli
- 1 szklanka chipsów z białej czekolady
- 1 szklanka suszonych wiśni

Wskazówki

a) Rozgrzej piekarnik do 375°F.
b) W dużej misce wymieszaj masę do ciasta, masło, brązowy cukier i jajka i ubijaj, aż utworzy się ciasto.
c) Wymieszaj granola i chipsy z białej czekolady. Wrzuć łyżeczkami około 2 cale od siebie na nienatłuszczone arkusze ciastek.
d) Piecz przez 10-12 minut lub do momentu, gdy ciasteczka będą lekko złocistobrązowe na brzegach.
e) Schłodzić na blaszkach przez 3 minuty, a następnie wyjąć na ruszt.

20. Niemieckie ciasteczka

Sprawia: 4 tuziny ciasteczek

Składniki

- 1 pudełko o pojemności 18,25 uncji niemieckie ciasto czekoladowe
- 1 szklanka półsłodkich chipsów czekoladowych
- 1 szklanka płatków owsianych
- ½ szklanki oliwy z oliwek
- 2 jajka, lekko ubite
- ½ szklanki rodzynek
- 1 łyżeczka wanilii

Wskazówki

a) Rozgrzej piekarnik do 350 ° F.
b) Połącz wszystkie składniki. Dobrze wymieszaj za pomocą miksera elektrycznego ustawionego na niską prędkość. Jeśli rozwiną się mączne okruchy, dodaj kroplę wody.
c) Upuść ciasto łyżkami na nienatłuszczoną blachę do ciastek.
d) Piecz przez 10 minut.
e) Całkowicie ostudź przed podniesieniem ciasteczek z arkusza i na półmisek do serwowania.

21. ciasteczka anyżkowe

Porcje: 36

Składniki:

- 1 szklanka cukru
- 1 szklanka masła
- 3 szklanki mąki
- ½ szklanki mleka
- 2 ubite jajka
- 1 łyżki proszku do pieczenia
- 1 łyżka ekstraktu z migdałów
- 2 łyżeczki likieru anyżowego
- 1 szklanka cukru cukierniczego

Wskazówki:

a) Rozgrzej piekarnik do 375 stopni Fahrenheita.

b) Wymieszaj cukier i masło na jasną i puszystą masę.

c) Stopniowo dodawaj mąkę, mleko, jajka, proszek do pieczenia i ekstrakt migdałowy.

d) Zagnieść ciasto, aż stanie się lepkie.

e) Stwórz małe kulki z kawałków ciasta o długości 1 cala.

f) Rozgrzej piekarnik do 350 ° F i posmaruj blachę do pieczenia. Umieść kulki na blasze do pieczenia.

g) Rozgrzej piekarnik do 350 ° F i piecz ciasteczka przez 8 minut.

h) W misce wymieszaj likier anyżowy, cukier cukierniczy i 2 łyżki gorącej wody.

i) Na koniec zanurz ciasteczka w glazurze, gdy są jeszcze ciepłe.

22. Słodkie zielone ciasteczka

Składniki:

- 165 g zielonego groszku.
- 80 g posiekanych daktyli medjool.
- 60 g jedwabistego tofu, puree.
- 100 g mąki migdałowej.
- 1 łyżeczka proszku do pieczenia.
- 12 migdałów.

Wskazówki:

a) Rozgrzej piekarnik do 180°C/350°F.

b) Połącz groszek i daktyle w robocie kuchennym.

c) Miksuj, aż utworzy się gęsta pasta.

d) Przenieś mieszaninę grochu do miski. Dodaj tofu, mąkę migdałową i proszek do pieczenia. Uformuj mieszankę w 12 kulek.

e) Kulki układamy na blasze wyłożonej papierem do pieczenia. Spłaszcz każdą kulkę olejowaną dłonią.

f) Włóż migdał do każdego ciasteczka. Piecz ciasteczka przez 25-30 minut lub aż będą delikatnie złote.

g) Schłodzić na ruszcie przed podaniem.

23. Ciasteczka z kawałkami czekolady

Składniki:

- 2 szklanki mąki bezglutenowej uniwersalnej.
- 1 łyżeczka sody oczyszczonej.
- 1 łyżeczka soli morskiej.
- 1/4 szklanki wegańskiego jogurtu.
- 7 łyżek masła wegańskiego.
- 3 łyżki masła nerkowca
- 1 1/4 szklanki cukru kokosowego.
- 2 jajka chia.
- Ciemna tabliczka czekolady, porcje burglarize.

Wskazówki:

a) Rozgrzej piekarnik do 375° F

b) W średniej wielkości misce wymieszaj bezglutenową mąkę, sól i sodę oczyszczoną. Odstaw na bok, aż roztopisz masło.

c) Dodaj masło, jogurt, masło z orzechów nerkowca, cukier kokosowy do miski i używając stojaka miksującego lub ręcznego miksera, miksuj przez kilka minut, aż się połączą.

d) Dodaj jajka chia i dobrze wymieszaj.

e) Dodaj mąkę do mieszanki jaj chia i miksuj na niskim poziomie aż do połączenia.

f) Dodać kawałki czekolady.

g) Ciasto wstawić do lodówki na 30 minut.

h) Wyjmij ciasto z lodówki i pozwól mu ostygnąć do temperatury pokojowej, około 10 minut, i wyłóż arkusz ciastek pergaminem.

i) Używając rąk, nanieś na papier pergaminowy 1 1/2 łyżki stołowej ciasta. Zostaw trochę miejsca pomiędzy każdym ciasteczkiem.

j) Piecz ciasteczka przez 9-11 minut. Rozkoszować się w!

BISCOTTI

24. brązowy biszkopt

Składniki

- 1/3 szklanki masła, zmiękczonego
- 2/3 szklanki białego cukru
- 2 jajka
- 1 łyżeczka ekstraktu waniliowego
- 13/4 szklanki mąki uniwersalnej
- 1/3 szklanki niesłodzonego kakao w proszku
- 2 łyżeczki proszku do pieczenia
- 1/2 szklanki miniaturowych półsłodkich chipsów czekoladowych
- 1/4 szklanki posiekanych orzechów włoskich
- 1 żółtko, ubite
- 1 łyżka wody

Wskazówki

a) Rozgrzej piekarnik do 375°F (190°C). Blachy do pieczenia posmarować tłuszczem lub wyłożyć papierem do pieczenia.

b) W dużej misce utrzeć masło i cukier na gładką masę. Wbij jajka pojedynczo, a następnie dodaj wanilię. Połącz mąkę, kakao i proszek do pieczenia; mieszać z kremową mieszanką, aż dobrze się połączy. Ciasto będzie sztywne, więc ostatni kawałek wymieszaj ręcznie. Wymieszaj chipsy czekoladowe i orzechy włoskie.

c) Podziel ciasto na dwie równe części. Uformuj bochenki o wymiarach 9x2x1 cali. Umieść na blasze do pieczenia w odległości 4 cali. Posmaruj mieszanką wody i żółtka.

d) Piecz przez 20 do 25 minut w nagrzanym piekarniku lub do twardości. Schłodzić na blasze do pieczenia przez 30 minut.

e) Za pomocą ząbkowanego noża pokrój bochenki ukośnie na 1-calowe plastry. Umieść plastry z powrotem na blasze do pieczenia, kładąc je na bokach. Piecz przez 10 do 15 minut z każdej strony lub do wyschnięcia. Całkowicie schłodzić i przechowywać w hermetycznym pojemniku.

25.   Biscotti Migdałowe

Wydajność: 42 porcje

Składniki

- ½ szklanki masła lub margaryny, zmiękczone
- 1¼ szklanki cukru
- 3 jajka
- 1 łyżeczka ekstraktu waniliowego lub anyżu Aromat
- 2 filiżanki mąki uniwersalnej
- 2 łyżeczki proszku do pieczenia
- 1 kreska Sól
- ½ szklanki posiekanych migdałów
- 2 łyżeczki mleka

Wskazówki

a) W misce wymieszać masło i 1 szklankę cukru. Dodaj jajka, jedno po drugim dobrze ubijając po każdym dodaniu. Dodaj anyż lub wanilię.

b) Połącz suche składniki; dodaj do kremowej mieszanki. Dodaj migdały.

c) Blachę do pieczenia wyłożyć folią i folią tłuszczową. Podziel ciasto na pół; rozłożyć na dwa 12x3 w prostokąty na folii. Posmaruj mlekiem i posyp pozostałym cukrem. Piec w 375 st. przez 15 do 20 min. lub na złoty kolor i jędrność w dotyku. Wyjmij z piekarnika i zmniejsz ogień do 300 stopni. Podnieś prostokąty z folią na ruszt; schłodzić przez 15 min. Umieść na desce do krojenia; pokrój po przekątnej ½ cala grubości. Połóż plasterek ściętą stroną do dołu lub nienatłuszczoną blachą do pieczenia. Piecz przez 10 minut.

d) Odwróć ciasteczka; piec 10 min. jeszcze. Wyłącz piekarnik, pozostawiając ciasteczka w piekarniku; z uchylonymi drzwiami do ostygnięcia. Przechowywać w hermetycznym pojemniku.

26. Biscotti z anyżu

Wydajność: 1 porcja

Składniki

- 2 szklanki + 2 łyżki mąki
- ¾ filiżanka cukru
- 1 łyżka pokruszonych nasion anyżu
- 1 łyżeczka proszku do pieczenia
- ½ łyżeczki sody oczyszczonej
- ¼ łyżeczki soli
- 3 ekwiwalenty jajek
- 2 łyżki startej skórki z cytryny (lub
- 1 łyżka sucha)
- 1 łyżka świeżego soku z cytryny

Wskazówki

a) Rozgrzej piekarnik do 325 stopni F. Pokryj blachę do pieczenia nieprzywierającym sprayem lub pergaminem. W średniej misce wymieszaj mąkę, cukier, nasiona anyżu, proszek do pieczenia, sodę oczyszczoną i sól. Wymieszaj ekwiwalenty jajek, skórkę z cytryny i sok z cytryny i dodaj do suchych składników. Dobrze wymieszaj.

b) Pracując na posypanej mąką powierzchni, uformuj ciasto w dwie kłody, każda o długości około 14 cali i grubości 1-½ cala. Ułóż polana na przygotowanej blasze do pieczenia, co najmniej 4 cale od siebie (ciasto rozłoży się podczas pieczenia). Piecz przez 20 do 25 minut, aż będzie jędrna w dotyku.

c) Przenieś kłody do stojaka, aby ostygły. Zmniejsz temperaturę piekarnika do 300 stopni F. Pokrój polana ukośnie na plastry o grubości ½ cala, używając ząbkowanego noża i delikatnym ruchem piły. Połóż plastry na bokach na blasze do pieczenia i wróć do piekarnika.

d) Piecz przez 40 minut. Wyjmij z piekarnika i całkowicie ostudź przed przechowywaniem. Biscotti będzie chrupiące, gdy ostygnie. Przechowywać w hermetycznym pojemniku do miesiąca.

e) Robi około 4 tuzinów biscotti.

27. Biscotti anyżowo-cytrynowe

Wydajność: 1 porcji

Składniki

- 2 szklanki Niebielonej białej mąki
- 1 łyżeczka proszku do pieczenia
- $\frac{1}{4}$ łyżeczki soli
- 1 szklanka cukru
- 2 Całe jajka
- 1 białko jajka
- 2 łyżki świeżo startej skórki z cytryny
- 1 łyżka zmielonych nasion anyżu

Wskazówki

a) Rozgrzej piekarnik do 350 stopni. Przygotuj blachę do pieczenia z sprayem do gotowania lub bardzo cienką warstwą oleju. W dużej misce przesiej mąkę, mąkę kukurydzianą, proszek do pieczenia i sól. Lekko ubij jajka i dodaj je do mieszanki mąki.

b) Dodaj syrop klonowy, wanilię i orzechy włoskie, aż ciasto będzie gładkie. Używając gumowej łopatki i posypanych mąką rąk, wyciągnij połowę ciasta z miski na jedną stronę blachy do pieczenia. Uformuj ciasto w pień o długości 15 cali.

c) Z pozostałego ciasta ułóż drugi dziennik po drugiej stronie blachy do pieczenia. Rozłóż polana co najmniej 6 cali od siebie. Piecz przez 25-30 minut, aż wierzch każdego polana biscotti będzie twardy.

d) Wyjmij je długą łopatką na ruszt i ostudź przez 10-15 minut. Pokrój każdą kłodę pod ostrym kątem na plastry o grubości około 20½ cala i ułóż je na blasze do pieczenia stroną do dołu. Zmniejsz temperaturę piekarnika do 350 stopni i piecz przez 15 minut.

e) Gorące z piekarnika biscotti może być lekko miękkie w środku, ale twardnieją, gdy ostygną.

f) Pozwól im całkowicie ostygnąć. Przechowywane w puszce lub innym szczelnie zamkniętym pojemniku przechowają co najmniej kilka tygodni.

28.   Biscotti wiśniowe

Wydajność: 24 biscotti

Składniki

- 2 filiżanki mąki uniwersalnej
- 1 szklanka cukru
- ½ łyżeczki proszku do pieczenia
- ½ łyżeczki soli
- ¼ szklanki masła; pokroić na małe kawałki
- 1 szklanka całych migdałów; gruby kotlet
- 1 szklanka Całe kandyzowane wiśnie
- 2 duże jajka; lekko pobity
- ½ łyżeczki wanilii
- 1 łyżka mleka (opcjonalnie)

Wskazówki

a) Rozgrzej piekarnik do 350 stopni. Nasmaruj dużą blachę do pieczenia.

b) W misce wymieszać mąkę, cukier, proszek do pieczenia i sól. Pokrój masło blenderem do ciasta, aż uformują się grube okruchy. Dodaj migdały i wiśnie. Wmieszać jajka i wanilię, aż dobrze się połączą. Jeśli mieszanka jest krucha, dodaj mleko.

c) Podziel mieszaninę na pół.

d) Na lekko posypanej mąką powierzchni, rękami posypanymi mąką, sprasuj ciasto i uformuj w dwa 10-calowe polana. Spłaszcz do szerokości 2 ½ cala. Ułóż polana na przygotowanej blasze do pieczenia.

e) Piec w 350-stopniowym piekarniku przez 30 do 35 minut. Za pomocą dwóch łopatek przenieś polana na stojak, aby ostygły przez 20 minut.

f) Ząbkowanym nożem pokrój każdą kłodę po przekątnej na plastry o grubości cala.

g) Wróć do blachy do pieczenia. Piecz 15 minut lub do momentu, gdy ciasteczka będą chrupiące i jędrne w dotyku. Przenieś do drucianej podstawki do ostygnięcia. Przechowywać w hermetycznym pojemniku do 2 tygodni.

29. Biscotti z orzechami laskowymi i morelami

Wydajność: 1 porcji

Składniki

- 4 szklanki mąki
- 2½ szklanki cukru
- 1 łyżeczka proszku do pieczenia
- ½ łyżeczki soli
- 6 jajek
- 2 żółtka
- 1 łyżka ekstraktu waniliowego
- 1 szklanka orzechów laskowych, prażonych, obranych,
- Posiekany
- 1½ szklanki drobno pokrojonych w kostkę suszonych moreli
- 2 łyżki wody

Wskazówki

a) Rozgrzej piekarnik do 350F.

b) W międzyczasie do dużej miski przesiej mąkę, cukier, proszek do pieczenia i sól. W innej misce ubij razem 5 jajek, 2 żółtka i wanilię. Wymieszaj ubite jajka z mąką i dodaj orzechy laskowe i morele.

c) Na lekko posypanej mąką desce wyrabiaj ciasto przez 5-7 minut lub do uzyskania jednolitej masy. Jeśli ciasto jest zbyt kruche, aby się ze sobą zmieścić, dodaj trochę wody.

Podziel ciasto na 4 części i zwiń każdą z nich w cylinder o średnicy 2 cali.

d) Umieść 2 cylindry w odległości 3 cali na każdym z 2 dobrze nasmarowanych blach do pieczenia i lekko spłaszcz. Pozostałe jajko ubić wodą i posmarować mieszanką każdy cylinder. Piecz w nagrzanym piekarniku przez 35 minut lub do zastygnięcia.

e) Wyjmij z piekarnika i zmniejsz ogień do 325F. Pokrój biscotti po przekątnej na cala. Rozłóż pokrojone plastry na blasze do pieczenia i wstaw do piekarnika na 10 minut lub do momentu, aż zacznie się kolorować. Ostudzić i przechowywać w szczelnym słoiku.

30. Biscotti cytrynowo-rozmarynowe

Wydajność: 30 porcji

Składniki

- ½ szklanki migdałów; cała opiekana
- ⅓ filiżanka masła; Słodkie
- ¾ szklanki cukru; granulowany
- 2 jajka; wielki
- 1 łyżeczka ekstraktu waniliowego
- 3 łyżeczki skórki z cytryny
- 2¼ szklanki mąki uniwersalnej
- 1½ łyżeczki Świeży rozmaryn; drobno posiekane
- ¼ łyżeczki soli

Wskazówki

a) Utrzeć razem masło i cukier. Dodaj jajka, wanilię, skórkę z cytryny, rozmaryn, sól i proszek do pieczenia. Dodaj mąkę po jednej filiżance na raz.

b) Wklep w 2 bochenki o wysokości około 1 cala i szerokości 2 cali. Piecz w 325'F przez 25 minut lub do złotego koloru.

c) Wyjmij z piekarnika i zsuń formę do pieczenia na deskę do krojenia. Pokrój bochenki w plastry o grubości ½ cala i umieść je z powrotem na blasze do pieczenia leżącej na boku.

d) Włóż blachę do pieczenia do piekarnika i piecz kolejne 10 minut, aż będzie chrupiąca.

CIASTECZKA CUKROWE

31. Ciasteczka z cukrem migdałowym

Wydajność: 32 ciasteczka

Składniki

- 5 łyżek margaryny (75 g)
- 1½ łyżki fruktozy
- 1 łyżka białka jajka
- ¼ łyżeczki Ekstrakt z migdałów, wanilii lub cytryny
- 1 szklanka Niebielonej mąki
- ⅛ łyżeczka Soda oczyszczona
- 1 szczypta śmietanki z tatara
- 32 plastry migdałów

Wskazówki

a) Rozgrzej piekarnik do 350F (180C). W średniej wielkości misce wymieszać margarynę i fruktozę, ubijając, aż będzie jasna i puszysta. Wymieszać z białkiem jaja i ekstraktem z migdałów. Stopniowo dodawaj mąkę, sodę oczyszczoną i krem tatarski; dobrze wymieszaj. Uformuj kulki o średnicy ½ cala (1½ cm). Umieść na nieprzywierającym arkuszu ciasteczek.

b) Zanurz szklankę z płaskim dnem w mące i dociśnij każdą kulkę, aby spłaszczyć ciasteczko. Przykryj każde ciastko plasterkiem migdała. Piecz przez 8 do 10 minut, aż się lekko zrumieni. Przenieś na pergamin lub papier woskowany do ostygnięcia.

32. Cukrowe ciasteczka

Sprawia: 48 COOKIES

Składniki

- 1 mieszanka do ciasta z białej czekolady o wadze 18,25 uncji
- ¾ filiżanka masła
- 2 białka jaj
- 2 łyżki jasnego kremu

Wskazówki

a) Umieść ciasto w dużej misce. Używając blendera do ciasta lub dwóch widelców, pokrój masło, aż cząstki będą drobne.
b) Zmiksuj białka i śmietanę, aż się wymieszają. Uformować kulę i przykryć.
c) Schłodź przez co najmniej dwie godziny i aż 8 godzin w lodówce.
d) Rozgrzej piekarnik do 375°F.
e) Ciasto rozwałkować w kulki 1" i ułożyć na nienatłuszczonych blachach do ciastek. Spłaszcz do grubości 1/4" dnem szklanki.
f) Piecz przez 7-10 minut lub do momentu, gdy brzegi ciasteczek będą jasnobrązowe.
g) Schłodzić na blasze przez 2 minuty, a następnie wyjąć na ruszty, aby całkowicie ostygły.

33. Ciasteczka cukrowe z polewą maślaną

WYDAJNOŚĆ: 5 DOZEN

Składniki

Ciastko:

- 1 szklanka masła
- 1 szklanka białego cukru
- 2 jajka
- 1/2 łyżeczki ekstraktu waniliowego
- 3 1/4 szklanki mąki uniwersalnej
- 1/2 łyżeczki proszku do pieczenia
- 1/2 łyżeczki sody oczyszczonej
- 1/2 łyżeczki soli

Krem maślany:

- 1/2 szklanki skracania
- 1 funt cukru cukierniczego
- 5 łyżek wody
- 1/4 łyżeczki soli
- 1/2 łyżeczki ekstraktu waniliowego
- 1/4 łyżeczki ekstraktu o smaku masła

Wskazówki

a) W dużej misce wymieszaj masło, cukier, jajka i wanilię mikserem elektrycznym na jasną i puszystą masę. Połącz mąkę, proszek do pieczenia, sodę oczyszczoną i sól;

stopniowo mieszaj mieszankę mąki z masłem, aż dobrze się połączy, używając solidnej łyżki. Schładzaj ciasto przez 2 godziny.

b) Rozgrzej piekarnik do 400 ° F (200 ° C). Na lekko posypanej mąką powierzchni rozwałkować ciasto na grubość 1/4 cala. Pokrój w pożądane kształty za pomocą foremek do ciastek. Umieść ciasteczka 2 cale od siebie na nienatłuszczonych arkuszach ciastek.

c) Piecz przez 4 do 6 minut w nagrzanym piekarniku. Wyjmij ciasteczka z patelni i ostudź na ruszcie.

d) Używając miksera elektrycznego, ubij tłuszcz do pieczenia, cukier cukierniczy, wodę, sól, ekstrakt waniliowy i aromat masła na puszystą masę. Ciasteczka mrożone po całkowitym ostygnięciu.

34. Migdałowe ciasteczka z cegiełkami

Wydajność: 1 porcji

Składniki

- 2¼ szklanki mąki uniwersalnej
- 1 szklanka cukru
- 1 szklanka masła
- 1 jajko
- 1 łyżeczka sody oczyszczonej
- 1 łyżeczka wanilii
- 6 uncji cegiełek migdałowych

Wskazówki

a) Rozgrzej piekarnik do 350F. Smaruj arkusze ciastek. W dużej misce miksera wymieszać mąkę, cukier, masło, jajko, sodę oczyszczoną i wanilię. Ubijaj na średnich obrotach, często zeskrobując miskę, aż dobrze wymieszaj, 2 do 3 minut. Domieszać kawałki cegiełek migdałowych.

b) Uformuj zaokrągloną łyżeczkę ciasta w 1-calowe kulki. Umieść 2 cale od siebie na przygotowanych arkuszach ciastek. Spłaszcz ciasteczka do grubości ¼ cala z dnem maślanego szkła zanurzonego w cukrze.

c) Piecz 8 do 11 minut lub do momentu, gdy brzegi będą bardzo lekko zarumienione. Usuń natychmiast.

35. Amiszowe ciasteczka z cukrem

Wydajność: 24 porcje

Składniki

- ½ szklanki) cukru;
- ⅓ szklanki cukru pudru;
- ¼ szklanki margaryny; (1/2 sztyftu)
- ⅓ szklanka oleju roślinnego
- 1 jajko; (wielki)
- 1 łyżeczka wanilii
- 1 łyżeczka Aromat cytrynowy lub migdałowy
- 2 łyżki wody
- 2¼ szklanki mąki uniwersalnej
- ½ łyżeczki sody oczyszczonej
- ½ łyżeczki krem z kamienia nazębnego;
- ½ łyżeczki soli

Wskazówki

a) Cukry, margarynę i olej umieścić w misce miksera i mieszać na średnich obrotach do uzyskania kremowej konsystencji. Dodaj jajko, wanilię, aromat i wodę i mieszaj na średnich obrotach przez 30 sekund, zeskrobując miskę przed i po dodaniu tych składników.

b) Wymieszaj pozostałe składniki, aby dobrze się wymieszały; Dodaj do kremowej mieszanki i wymieszaj na średnich obrotach, aby zmiksować. Uformuj ciasto w 24 kulki, używając 1 łyżki ciasta na kulkę.

c) Umieść kulki na blaszkach, które zostały spryskane sprayem do patelni lub wyłożone folią aluminiową. Dociśnij kulki równomiernie do ½ 'z tyłu łyżki stołowej zanurzonej w wodzie.

d) Piecz w temperaturze 375 przez 12 do 14 minut, aż ciasteczka zrumienią się na dnie i lekko zrumienią na brzegach. Wyjmij ciasteczka na ruszt i schłódź do temperatury pokojowej.

36. Podstawowe ciasteczka ze smalcem

Wydajność: 1 porcja

Składniki

- ¾ filiżanka smalec
- ¾ filiżanka pakowany brązowy cukier
- 1 każde jajko
- 1 łyżeczka wanilii
- 1 łyżeczka proszku do pieczenia

2 szklanki mąki

Wskazówki

a) Ubij smalec, cukier i jajko razem na kremową konsystencję i dobrze się wymieszaj.

b) Dodaj wanilię i dodaj proszek do pieczenia oraz mąkę, aż powstanie ciasto.

c) Uformuj ciasto w kulki o średnicy około 1 cala i ułóż na blasze.

d) Lekko spłaszcz kulki palcami, aby zrobić okrągłe ciasteczko. (W przypadku ciasteczek cukrowych posyp wierzch odrobiną cukru.) Piecz w rozgrzanym piekarniku 350, aż brzegi będą ładnie zarumienione.

e) Wyjmij i ostudź.

37. Ciasteczka z cukrem cynamonowym

Wydajność: 48 porcji

Składniki
- 2½ szklanki mąki
- ½ szklanki masła
- 2½ łyżeczki proszku do pieczenia
- ¾ filiżanka cukru
- ¼ łyżeczki soli
- 1 jajko; bity
- ⅛ łyżeczka cynamonu
- ½ szklanki maślanki
- Mieszanka cukru
- ½ szklanki) cukru
- 1 łyżeczka cynamonu

Wskazówki

a) Mąkę wymieszać z proszkiem do pieczenia, solą i ⅛ łyżeczki cynamonu. W kolejnej misce wymieszać tłuszcz i cukier na jasną i puszystą masę. Dodaj jajko i dobrze ubij.

b) Wymieszać ⅓ mąki, następnie dodać mleko i pozostałą mąkę, mieszając między każdym dodawaniem. Nie dodawaj więcej mąki, ciasto będzie miękkie, które nie będzie kleić się po schłodzeniu.

c) Schłodź ciasto w lodówce przez kilka godzin, aż dokładnie ostygnie. Weź łyżki ciasta i delikatnie uformuj w kulki.

d) Kulki ciasta obtoczyć w mieszance cynamonu z cukrem, a następnie spłaszczyć i ułożyć na wysmarowanej tłuszczem blasze i piec w temperaturze 375 stopni przez około 12 minut.

38. Pęknięte ciasteczka z cukrem

Wydajność: 48 porcji

Składniki
- 1¼ szklanki cukru
- 1 szklanka masła, zmiękczonego
- 3 duże żółtka, ubite
- 1 łyżeczka ekstraktu waniliowego
- 2½ szklanki przesianej mąki uniwersalnej
- 1 łyżeczka sody oczyszczonej
- ½ łyżeczki śmietanki z tatara

Wskazówki

a) Rozgrzej piekarnik do 350 stopni. Lekko posmaruj dwa arkusze ciastek. Utrzeć cukier i masło razem na jasno. Ubij żółtka i wanilię.
b) Przesiej razem odmierzoną przesianą mąkę, sodę oczyszczoną i śmietankę tatarską, a następnie dodaj do masy z cukrem maślanym.
c) Uformuj ciasto w kulki wielkości orzecha włoskiego. Umieść 2 cale od siebie na arkuszach ciastek. Nie spłaszczaj.
d) Piecz około 11 minut, aż blaty popękają i nabiorą koloru. Schłodzić na ruszcie. Sprawia, że 4 tuziny.

39. Ciasteczka z cukrem pekanowym

Wydajność: 1 porcji

Składniki
- 1¼ szklanki cukru, jasnobrązowy Woda
- 3 łyżki miodu
- 1 jajko
- 2⅓ szklanki mąki
- 1 szklanka grubo zmielonych orzechów pekan
- 2½ łyżki cynamonu
- 1 łyżka sody oczyszczonej
- 1 łyżka ziela angielskiego

Wskazówki

a) W misce mieszamy cukier brązowy, wodę, miód i jajko. Pokonaj około 10 sekund mikserem.
b) W osobnej misce wymieszać mąkę, orzechy pekan, cynamon, ziele angielskie i sodę, proszek do pieczenia, dobrze wymieszać.
c) Dodaj do mokrych składników i wymieszaj. Upuść ciasto obok łyżeczek na wysmarowaną tłuszczem blaszkę. Piec w 375 stopniach przez 12 minut.
d) Robi około 3 tuzinów ciasteczek. Ostudzić dobrze przed przechowywaniem.

40. Przyprawowe ciasteczka cukrowe

Wydajność: 40 ciasteczek

Składniki

- ¾ szklanka tłuszczu warzywnego w temperaturze pokojowej
- 1 szklanka Mocno zapakowany jasnobrązowy cukier
- 1 duże jajko, lekko ubite
- ¼ szklanki niesiarczonej melasy
- 2 filiżanki mąki uniwersalnej
- 2 łyżeczki sody oczyszczonej
- 1 łyżeczka cynamonu
- 1 łyżeczka mielonego imbiru
- ½ łyżeczki zmielonych goździków
- ¼ łyżeczki soli
- Cukier granulowany do maczania kulek ciasta.

Wskazówki

a) W misce utrzeć tłuszcz z brązowym cukrem, aż masa będzie jasna i puszysta, a następnie wmieszać jajko i melasę. Do innej miski przesiej mąkę, sodę oczyszczoną, cynamon, imbir, goździki i sól, dodawaj partiami mąkę do masy tłuszczowej i dobrze wymieszaj ciasto. Ciasto schłodzić pod przykryciem przez 1 godzinę.

b) Rozwałkuj płaskie łyżki ciasta w kulki, zanurz jedną stronę każdej kulki w cukrze i ułóż kulki posłodzoną stroną do góry, około 3 cale od siebie na natłuszczonej blasze do pieczenia. Piecz ciasteczka partiami w środku nagrzanego piekarnika o temperaturze 375 stopni F przez 10 do 12 minut lub do momentu, gdy na wierzchu zostaną nadmuchane i popękane. przenieś ciasteczka metalową szpatułką na stojaki i pozwól im ostygnąć. Robi około 40 ciasteczek.

41. Ciasteczka z cukrem pistacjowym

Wydajność: 1 porcja

Składniki
- ½ szklanki masła
- 1 szklanka cukru
- 1 duże jajko
- 1 łyżeczka wanilii
- 1¼ szklanki przesianej mąki
- 1 łyżeczka proszku do pieczenia
- ¼ łyżeczki soli
- ⅓ filiżanka drobno posiekanych pistacji

Wskazówki

a) W dużej misce ubij masło i cukier, aż będą miękkie i puszyste; ubić jajko i wanilię. Połącz mąkę, proszek do pieczenia i sól; dodać do kremowej mieszanki i dobrze wymieszać. Dokładnie schłódź ciasto.
b) Rozgrzej piekarnik do 375o. Na lekko posypanej mąką desce rozwałkuj ciasto na ¼ cala. Pokrój foremkami do ciastek i ułóż na nienatłuszczonych blaszkach. Na wierzchu posyp posiekane pistacje; lekko naciśnij.
c) Piecz w temperaturze 375o przez około 5 minut lub do momentu, gdy brzegi zaczną się zarumieniać.
d) Wyjmij do drucianych stojaków do ostygnięcia.

CIASTECZKA SEROWE

42. Serowe ciasteczka z przystawkami

Wydajność: 1 porcja

Składniki

- 4 uncje (1 szklanka) posiekanego ostrego sera cheddar.
- ½ szklanki majonezu lub zmiękczonego masła
- 1 Mąkę o wszechstronnym przeznaczeniu
- ½ łyżeczki soli
- 1 kreska Zmielona czerwona papryka

Wskazówki

a) Lekko wsyp mąkę do miarki; wyrównać.

b) W umiarkowanym naczyniu wymieszaj ser, margarynę, mąkę, sól i czerwoną paprykę. Dokładnie wymieszać, przykryć i schłodzić przez 1 godzinę.

c) Uformuj ciasto w 1-calowe kulki.

d) Umieść 2 cale od siebie na niesmarowanej patelni. Spłaszczyć zębami widelca lub użyć powierzchni zmiękczacza mięsa zamoczonego w mące.

e) W razie potrzeby lekko spryskaj papryką.

f) Grilluj przez 10 do 12 minut

43. Ciasteczka z kawałkami czekolady

Porcje: 12 ciasteczek

Składniki:

- ½ szklanki masła
- szklanka serka śmietankowego
- 1 ubite jajko
- 1 łyżeczka ekstraktu waniliowego
- ⅓ szklanka erytrytolu
- ½ szklanki mąki kokosowej
- ⅓ szklanka kawałka czekolady bez cukru

Wskazówki:

a) Rozgrzej frytownicę do 350°F. Wyłóż kosz frytkownicy powietrznej pergaminem i umieść ciasteczka w środku

b) W misce wymieszaj masło i serek. Dodaj erytrytol i ekstrakt waniliowy i ubijaj na puszystą masę. Dodaj jajko i ubijaj, aż się połączy. Wymieszaj mąkę kokosową i wiórki czekoladowe. Odstaw ciasto na 10 minut.

c) Wyciągnij około 1 łyżki ciasta i uformuj ciasteczka.

d) Umieść ciasteczka w koszyku frytownicy i gotuj przez 6 minut.

44. Ciasteczka z serkiem morelowym

Wydajność: 4 porcje

Składniki
- 1½ szklanki margaryny
- 1½ szklanki cukru
- 8 uncji serka Philadelphia
- 2 jajka
- 2 łyżki soku z cytryny
- 1½ łyżeczki skórki z cytryny
- 4½ szklanki mąki
- 1½ łyżeczki Proszek do pieczenia
- Nadzienie morelowe
- Cukier, cukiernicy
- 11 uncji moreli, suszonych
- ½ szklanki) cukru

Wskazówki

a) Połącz margarynę, cukier i zmiękczony serek śmietankowy, aż będzie dobrze
b) mieszany. Zmiksuj jajka, sok z cytryny i skórkę. Dodaj połączone suche składniki do mieszanki sera śmietankowego, dobrze wymieszaj i schłódź. Zroluj w średniej wielkości kulkę. Umieść na nienatłuszczonej blasze do ciastek. Lekko spłaszczyć, wciąć środek, na środku umieścić nadzienie morelowe. Piec 350 stopni przez 15 minut. Lekko ostudzić i posypać cukrem pudrem.
c) **Pożywny:** Umieść 1 opakowanie. (11 uncji) morele w rondlu i dolać wody tylko przykryć. Dodaj ½ szklanki (lub do smaku) cukru i zagotuj.
d) Przykryj i gotuj 10 minut, aż morele zmiękną i większość wody się wchłonie. Przebij przez sito lub zamieszaj w blenderze. Robi 2 filiżanki.

45. Serowe ciasteczka z masłem orzechowym

Wydajność: 12 porcji

Składniki
- ½ szklanki masła orzechowego
- 1 szklanka Rozdrobniona Ostra lub Łagodna
- Ser Cheddar
- ⅔ filiżanka masła, zmiękczonego
- 1½ szklanki Niebielonej Mąki Uniwersalnej
- ½ łyżeczki soli

Wskazówki

a) W średniej misce wymieszać masło orzechowe, ser, masło, mąkę i sól. Dobrze wymieszaj. Przykryj i schłódź przez 1 godzinę.

b) Rozgrzej piekarnik do 375 stopni F. Umieść łyżeczkę ciasta w odległości 2 cali na blasze i piecz przez 10 do 12 minut lub do złotego koloru.

46. Ciastka z Serka Wiejskiego

Wydajność: 6 porcji

Składniki
- ½ szklanki masła lub substytutu masła
- 1½ szklanki mąki
- 2 łyżeczki proszku do pieczenia
- ½ szklanki twarogu
- ½ szklanki) cukru
- ½ łyżeczki soli

Wskazówki

a) Utrzeć masło i ser, aż dokładnie się połączą. Mąkę przesiej, odmierz i przesiej z cukrem, proszkiem do pieczenia i solą. Dodawaj stopniowo do pierwszej mieszanki. Uformuj w bochenek. Schłodź przez noc. Pokrój na cienkie plasterki.

b) Ułóż na lekko natłuszczonej blasze do pieczenia. Piecz w umiarkowanym piekarniku (400 F) 10 minut lub do delikatnego zarumienienia.

47. Ciasteczka owsiane z twarogiem

Wydajność: 1 porcji

Składniki
- 1 szklanka mąki
- 1 łyżeczka soli
- ½ łyżeczki sody oczyszczonej
- 1 łyżeczka cynamonu
- 1½ szklanki cukru
- ½ szklanki melasy
- 1 ubite jajko
- 1 łyżeczka skórki z cytryny
- 1 łyżka soku z cytryny
- ¾ filiżanka stopionego skracania
- ½ szklanki twarogu śmietankowego
- 3 filiżanki Szybkie gotowanie płatków owsianych

Wskazówki

a) Przesiej mąkę, sól, sodę i cynamon. Wymieszaj kolejne pięć składników, następnie dodaj przesianą mieszankę mąki, tłuszcz piekarski i twarożek.
b) Zmiksuj płatki owsiane. Upuść łyżeczkami do herbaty na wysmarowaną tłuszczem blachę i piecz w temperaturze 350-375, aż będzie gotowe. Robi 4 tuziny ciasteczek.

48. Serowe i galaretkowe ciasteczka

Wydajność: 36 ciasteczek

Składniki
- ¾ filiżanka margaryny, zmiękczona
- 8 uncji opak. zredukowany = tłusty serek śmietankowy, zmiękczony
- 2½ łyżeczki słodzika
- 2 filiżanki mąki uniwersalnej
- ¼ łyżeczki soli
- ¼ szklanki Czarna wiśnia LUB malina bez pestek do smarowania

Wskazówki

a) W średniej misce ubić margarynę, serek śmietankowy i równą miarkę na puszystą masę; wymieszać z mąką i solą, tworząc miękkie ciasto. Wstawić do lodówki pod przykryciem, aż ciasto będzie jędrne, około 3 godziny.
b) Ciasto rozwałkować na lekko posypanej mąką powierzchni na okrąg o grubości cala, pokroić w krążki 3-calowym krajalnicą. Umieść zaokrąglone ¼ łyżeczki do smarowania owoców na środku każdej rundy; Złóż krążki na połówki i mocno zaciśnij krawędzie zębami widelca. Wierzchołki ciastek przekłuć czubkiem ostrego noża.
c) Piecz ciasteczka na natłuszczonych blaszkach w rozgrzanym 350~ piekarniku, aż lekko się zrumienią, około 10 minut. Schłodzić na drucianych stojakach.

49. Ciasteczka z serkiem śmietankowym

Wydajność: 5 porcji

Składniki

- 1 szklanka cukru;
- 1 szklanka margaryny; zmiękczony -=LUB=-
- 1 szklanka masła
- 1 opakowanie (3 uncje) serka śmietankowego, zmiękczonego
- 1 łyżeczka wanilii
- 1 jajko;
- 2½ szklanki mąki All-propose; -=LUB=-
- 2½ szklanki mąki niebielonej
- ¼ łyżeczki soli;
- Cukier kolorowy; W RAZIE POTRZEBY

Wskazówki

a) W dużej misce ubij cukier, margarynę, serek śmietankowy na jasną i puszystą masę. Dodaj wanilię i jajko, dobrze wymieszaj.
b) Lekko wsyp mąkę do miarki, wyrównaj. Mąkę i sól wymieszać z margaryną; dobrze wymieszaj. Przykryj folią; w lodówce od jednej do dwóch godzin jodła łatwiejsza w obsłudze. Piekarnik 375 F.
c) Na lekko posypanej mąką; grubość; wstaw do lodówki pozostałe ciasto. Rozwałkowane ciasto pokrój w pożądane kształty za pomocą foremek do ciastek posypanych mąką. Umieść 1 cal od siebie na nienatłuszczonej blasze.
d) Pozostaw ciasteczka bez dodatków lub posyp je kolorowym cukrem.
e) Piecz ciasteczka w temperaturze 375 stopni przez 7-10 minut, aż brzegi się lekko zrumienią. Schłodzić jedną minutę; usunąć z arkuszy ciasteczek. W razie potrzeby zamrozić i udekorować zwykłe ciasteczka.

50. Ciastko z masłem orzechowym Jumbo z serkiem śmietankowym

Wydajność: 12 porcji

Składniki

- 1 rolka chłodzonych ciastek Slice 'n' Bake
- $\frac{3}{4}$ szklanka masła orzechowego
- 4 uncje serka śmietankowego; Zmiękczony
- 3 łyżki cukru
- $\frac{1}{8}$ łyżeczka soli
- 3 łyżki zmiękczonej margaryny lub masła
- 2 łyżki Mleka
- 2 łyżeczki ekstraktu waniliowego
- $\frac{1}{2}$ szklanki orzeszków ziemnych; Posiekany

Wskazówki

a) Rozgrzej piekarnik do 375 stopni F. Rozwałkuj ciasto na 12-calowej patelni do pizzy. Piecz przez 12 do 13 minut lub do złotego koloru.
b) Ostudzić, aż będzie zimny w dotyku. W małej misce wymieszać masło orzechowe, serek, cukier, sól, margarynę, mleko i wanilię. Ubijaj na średnich obrotach mikserem elektrycznym, aż będzie jasna i puszysta. Rozłóż mieszankę na ciastku i posyp posiekanymi orzeszkami ziemnymi. Pokrój w kliny.

51. Meksykańskie ciasteczka serowe

Wydajność: 24 porcje

Składniki
- ½ szklanki) cukru
- ⅓ filiżanka margaryny
- 1 szklanka sera Monterey Jack --
- Rozdrobnione
- 1 Mąkę o wszechstronnym przeznaczeniu
- 1 łyżeczka proszku do pieczenia
- ¼ łyżeczki soli
- 1 duże jajko - ubite

Wskazówki

a) Rozgrzej piekarnik do 375 stopni. 1-Wymieszaj cukier i zmiękczoną margarynę; wmieszać ser. Dodaj pozostałe składniki z wyjątkiem jajka. Ciasto rozwałkować na 2 łyżki na patyki, około 3½ na ½ cala. Ułóż na lekko natłuszczonej blasze. Lekko naciśnij patyki, aby spłaszczyć. Posmaruj ubitym jajkiem.

b) 3-Piecz do jasnobrązowego tylko na brzegach, 8-10 minut. Natychmiast wyjąć z arkusza i schłodzić na ruszcie. Te wyjątkowe ciasteczka są chrupiące.

52. Pomarańczowo-kremowe ciasteczka serowe

Wydajność: 48 porcji

Składniki
- ½ szklanki skracania
- 2 jajka
- 2 łyżki startej skórki z pomarańczy
- 2 szklanki przesianej mąki
- 12 uncji chipsów czekoladowych
- 1 szklanka cukru
- 8 uncji serka śmietankowego
- 2 łyżeczki wanilii
- 1 łyżeczka soli

Wskazówki

a) Tłuszcz śmietankowy, cukier i jajka razem; dodać serek śmietankowy, skórkę pomarańczową i wanilię. Stopniowo dodawać mąkę, do której dodano sól; dobrze wymieszaj.
b) Zmiksuj w kawałkach czekolady. Upuść z łyżeczki na nienatłuszczoną blachę do ciastek.
c) Piec w 350-stopniowym piekarniku około 10 do 12 minut.

53. Ciasteczka Ziołowo-Serowo-Jabłkowe

Wydajność: 1 porcji

Składniki

- ¾ filiżanka mąka uniwersalna
- ¾ szklanki mąki pełnoziarnistej
- 1 szklanka ostrego sera cheddar, startego
- 4 łyżki Tłuszczu o Smaku Maślanym
- 1 jajko
- ½ szklanki maślanki
- 2 jabłka, obrane, wydrążone i drobno posiekane
- 1 łyżeczka świeżej natki pietruszki, posiekanej

Wskazówki

a) Rozgrzej piekarnik do 400oF. Połącz mąki z serem i pokrój w tłuszcz. Jajko ubić z maślanką i wlać do mieszanki mąki.
b) Dodaj jabłka i pietruszkę do mokrej mąki i mieszaj, aż powstanie miękkie ciasto. Wrzuć łyżkę stołową na nienatłuszczoną blachę do ciastek i piecz 15 do 20 minut.

54. Ciasteczka z serem ricotta

Wydajność: 5-8 porcji

Składniki
- ½ funta margaryny
- 2 jajka
- 1 funt sera ricotta
- 2 szklanki cukru
- 1 łyżeczka proszku do pieczenia
- 1 łyżeczka sody oczyszczonej
- 4 szklanki mąki
- 2 łyżeczki ekstraktu waniliowego lub cytrynowego
- ¼ łyżeczki gałki muszkatołowej

Wskazówki

a) Utrzeć masło i cukier, a następnie dodać ekstrakt. Dodawaj po jednym jajku, dobrze ubijając po każdym dodaniu. Dodać ser i ubić 1 min.
b) Powoli dodawaj suche składniki. Wrzuć łyżeczkami na nienatłuszczoną blachę do ciastek. Piec w 350° przez 12-15 minut.
c) Wyłożyć na ruszcie do ostygnięcia i w razie potrzeby posypać cukrem pudrem.

55. Czekoladowe ciasteczka serowe do żucia

Wydajność: 48 porcji

Składniki

- 8 uncji Lekki serek śmietankowy
- ½ szklanki margaryny
- 1 jajko
- 1½ szklanki cukru
- 300 gramów kawałków czekolady; podzielony
- 2¼ szklanki mąki
- 1½ łyżeczki sody oczyszczonej
- ½ szklanki siekanych orzechów włoskich

Wskazówki

a) Serek śmietankowy ubić z masłem, jajkiem i cukrem na jasną i puszystą masę. Rozpuść 1 szklankę kawałków czekolady.
b) Wymieszać w cieście. Wymieszaj mąkę, sodę oczyszczoną i orzechy włoskie wraz z pozostałymi kawałkami czekolady. Upuść z łyżki stołowej na nienatłuszczoną blachę do ciastek.
c) Piecz w 350 stopniach przez 10-12 minut lub do momentu, aż ciasto będzie twarde na brzegach. Wyjmij z arkuszy ciastek i ostudź.

CIASTECZKA Z IMBIREM

56.   Babcine pierniki

Składniki

- 3/4 szklanki margaryny
- 1 szklanka białego cukru
- 1 jajko
- 1/4 szklanki melasy
- 2 filiżanki mąki uniwersalnej
- 1 łyżka mielonego imbiru
- 1 łyżeczka mielonego cynamonu
- 2 łyżeczki sody oczyszczonej
- 1/2 łyżeczki soli
- 1/2 szklanki białego cukru do dekoracji

Wskazówki

a) Rozgrzej piekarnik do 350°F (175°C).

b) W średniej misce ubij margarynę i 1 szklankę białego cukru na gładką masę. Wbij jajko i melasę, aż dobrze się połączą. Połącz mąkę, imbir, cynamon, sodę oczyszczoną i sól; wymieszać z mieszanką melasy, aby uformować ciasto. Ciasto rozwałkować na 1-calowe kulki i obtoczyć kulki w pozostałym cukrze. Umieść ciasteczka 2 cale od siebie na nienatłuszczonych arkuszach ciastek.

c) Piecz przez 8 do 10 minut w nagrzanym piekarniku. Pozostaw ciasteczka do ostygnięcia na blasze do pieczenia przez 5 minut, a następnie wyjmij je na ruszt, aby całkowicie ostygły.

57. Piernikowe Chłopcy

Składniki

- 1 szklanka masła, zmiękczonego
- 1 1/2 szklanki białego cukru
- 1 jajko
- 11/2 łyżki skórki pomarańczowej
- 2 łyżki ciemnego syropu kukurydzianego
- 3 szklanki mąki uniwersalnej
- 2 łyżeczki sody oczyszczonej
- 2 łyżeczki mielonego cynamonu
- 1 łyżeczka mielonego imbiru
- 1/2 łyżeczki mielonych goździków
- 1/2 łyżeczki soli

Wskazówki

a) Utrzeć razem masło i cukier. Dodaj jajko i dobrze wymieszaj. Dodaj skórkę pomarańczową i ciemny syrop kukurydziany. Dodaj mąkę, sodę oczyszczoną, cynamon, imbir, mielone goździki i sól, mieszając, aż dobrze się połączą. Schładzaj ciasto przez co najmniej 2 godziny.

b) Rozgrzej piekarnik do 375°F (190°C). Smaruj arkusze ciastek. Na lekko posypanej mąką powierzchni rozwałkować ciasto do grubości 1/4 cala. Pokrój w pożądane kształty za pomocą foremek do ciastek. Umieść ciasteczka w odległości 1 cala na przygotowanych arkuszach ciastek.

c) Piecz przez 10 do 12 minut w nagrzanym piekarniku, aż ciasteczka będą jędrne i lekko przypieczone na brzegach.

58. Czekoladowe Kulki Rumowe

Składniki

- 3 1/4 szklanki pokruszonych wafli waniliowych
- 3/4 szklanki cukru cukierniczego
- 1/4 szklanki niesłodzonego kakao w proszku
- 1 1/2 szklanki posiekanych orzechów włoskich
- 3 łyżki jasnego syropu kukurydzianego
- 1/2 szklanki rumu

Wskazówki

a) W dużej misce wymieszaj pokruszone wafle waniliowe, 3/4 szklanki cukru cukierniczego, kakao i orzechy. Dodaj syrop kukurydziany i rum.

b) Uformować kulki o średnicy 2,5 cm i obtoczyć w dodatkowym cukrze cukierniczym. Przechowywać w hermetycznym pojemniku przez kilka dni, aby wydobyć smak. Przed podaniem ponownie obtocz w cukrze cukierniczym.

59. Ciasteczka z melasą imbirową

Wydajność: 72 porcje

Składniki

- 2½ szklanki mąki
- 2 łyżeczki mielonego imbiru
- 1 łyżeczka cynamonu
- 2 łyżeczki sody oczyszczonej
- ½ łyżeczki soli
- 12 łyżek masła niesolonego
- 1 szklanka brązowego cukru
- 1 jajko
- ⅓ filiżanka melasy
- Cukier do walcowania

Wskazówki

a) Połącz mąkę, przyprawy, sodę i sól. Mikserem elektrycznym na średnio-niskich obrotach ubić masło z cukrem na jasną i puszystą masę. Ubij jajko i melasę. Zmniejsz prędkość do niskiej i stopniowo dodawaj mieszankę mąki, aż się wymiesza. Schłodzić do jędrności, około 1 godziny. Rozgrzej piekarnik do 350~.

b) Uformuj ciasto na około 1,5 cm kulki, obtocz w cukrze i połóż około 2,5 cm na blasze do pieczenia. Piec, aż brzegi zaczną się zarumieniać, około 15 min. Schłodzić na blasze do pieczenia 2 min, następnie przenieść na ruszt.

60. Ciasteczka świąteczne imbirowe do żucia

Wydajność: 1 porcji

Składniki

- 2 szklanki cukru
- 1 szklanka melasy
- 1 szklanka Crisco
- 2 jajka
- 2 łyżeczki sody
- 4 szklanki mąki
- 2 łyżeczki imbiru
- 2 łyżeczki cynamonu
- 1 łyżeczka Goździków
- ½ łyżeczki soli

Wskazówki

a) Dobrze wymieszaj ręcznie i dodaj: Wymieszaj wszystko razem (ręcznie - nie mikserem).

b) Zwiń w kulki wielkości małego orzecha włoskiego, a następnie zwiń w czerwono-zielony cukier. Piec w 350 stopniach przez około 9 minut. Ciasteczka będą wyglądać na nie do końca upieczone, ale nie upiecz ich, dopóki nie staną się trudne do pogryzienia. Ciasteczka zatopią się i będą miały w sobie pęknięcia.

61. Upuść imbirowe ciasteczka

Wydajność: 1 porcji

Składniki

- 1 szklanka cukru
- 1 szklanka melasy
- 1 szklanka skracania
- 3 jajka
- 1 szklanka wody; gorący
- 1 łyżka sody oczyszczonej
- 1 łyżka imbiru
- 1 łyżeczka soli
- 5 filiżanek mąki

Wskazówki

a) Skrócenie śmietankowe i cukier. Dodaj jajka, dobrze ubij. Dodaj melasę, imbir i sól. Pokonaj ponownie. Dodaj sodę do gorącej wody. Dobrze wymieszać.

b) Dodaj do powyższej mieszanki. Dodać mąkę i wsypać łyżką na wysmarowaną tłuszczem patelnię.

c) Piec w umiarkowanym piekarniku.

62. Ciasteczka imbirowo-cytrynowe

Wydajność: 36 porcji

Składniki

- ¼ funta masła niesolonego
- ¾ szklanki cukru; plus
- 2 łyżki cukru -- plus więcej
- Do zraszania
- 1 duże jajko
- 1 łyżka startej skórki z cytryny
- 1⅓ szklanki mąki uniwersalnej
- ½ łyżeczki mielonego imbiru
- ½ łyżeczki sody oczyszczonej
- ¼ łyżeczki soli
- ¼ szklanki skrystalizowanego imbiru w 1/8" kostce

Wskazówki

a) Rozgrzej piekarnik do 350 stopni. Wyłóż 2 blachy do pieczenia pergaminem; odłożyć na bok.
b) W mikserze elektrycznym użyj łopatki do mieszania masła z cukrem na średnich obrotach, aż będzie jasna i puszysta przez około 5 minut, dwukrotnie zeskrobując boki miski. Dodaj jajko; mieszaj na dużej prędkości, aby połączyć.
c) Dodaj skórkę; wymieszać do połączenia. W misce wymieszaj mąkę, mielony imbir, sodę oczyszczoną, sól i skrystalizowany imbir, dodaj do masy maślanej; mieszać na średnio-niskich obrotach, aby połączyć, około 20 sekund. Za pomocą dwóch łyżek upuść około 2 łyżeczki ciasta na blachę do pieczenia; powtórz, dzieląc je 2 cale.
d) Piecz przez 7 minut. Sprawia, że 3 tuziny.

63. Ciasteczka imbirowe o niskiej zawartości tłuszczu

Wydajność: 1 porcji

Składniki

- 1 szklanka Pakowany brązowy cukier
- ¼ szklanki sosu jabłkowego
- ¼ szklanki Melasa
- 1 duże jajko
- 2¼ szklanki mąki
- 3 łyżeczki mielonego imbiru
- 1½ łyżeczki cynamonu
- ¼ łyżeczki Mielone goździki
- 1 łyżeczka sody oczyszczonej
- ¼ szklanki białego cukru

Wskazówki

a) W dużej misce ubić brązowy cukier, mus jabłkowy, melasę i jajko na gładką masę. W innej misce połącz pozostałe składniki (oprócz białego cukru) i wymieszaj z mokrą mieszanką. Przykryj i wstaw do lodówki na co najmniej 2 godziny lub na noc.
b) Rozgrzej piekarnik do 350 stopni. Uformuj ciasto w małe kulki wielkości orzecha włoskiego, obtocz w białym cukrze i ułóż w odległości 2 cm na wysmarowanej tłuszczem blasze.
c) Piecz przez 10-15 minut.
d) Wyjmij i ostudź na stojaku.

64. Ciasteczka dyniowe i świeże imbirowe

Wydajność: 2 tuziny

Składniki

- 1¼ szklanki Pakowany jasnobrązowy cukier
- 1 szklanka puree z dyni
- 1 duże jajko
- 2 łyżki startego świeżego korzenia imbiru
- 2 łyżki śmietany
- 1 łyżeczka wanilii
- ½ szklanki niesolonego masła zmiękczonego
- 2¼ szklanki mąki
- 1 łyżeczka sody oczyszczonej
- 1 łyżeczka proszku do pieczenia
- ½ łyżeczki soli
- ½ łyżeczki cynamonu
- 1 szklanka posiekanych orzechów włoskich
- 1 szklanka porzeczek lub posiekanych rodzynek

Wskazówki

a) Rozgrzej piekarnik do 350 i lekko posmaruj arkusze ciastek. W robocie kuchennym wymieszać cukier, dynię, jajko, imbir, śmietanę i wanilię.

b) Zrób gładkie puree. Dodaj masło i zmiksuj jeszcze 8 sekund.

c) Wymieszaj mąkę sodę oczyszczoną, proszek do pieczenia, sól i cynamon. Wymieszaj suche składniki w płynie w 2 etapach, aż się połączą.

65.   Miękkie ciasteczka imbirowe

Wydajność: 1 porcja

Składniki
- 12 filiżanek mąki
- 4 szklanki melasy
- 2 kubki Skrócenie
- 2 szklanki mleka; kwaśny
- 2 łyżeczki sody oczyszczonej
- 2 łyżki imbiru
- 2 łyżki cynamonu
- 1 łyżeczka soli
- 2 jajka; bity

Wskazówki

a) Przesiej mąkę na patelnię, uformuj dołek na środku. Dodaj tłuszcz piekarski, melasę.
b) kwaśne mleko, w którym rozpuszczono sodę. Dodaj przyprawy, sól i jajko.
c) Szybko wymieszaj, aby uzyskać gładkie miękkie ciasto. Piec w umiarkowanym piekarniku.

66. Imbirowe ciasteczka słodkich snów

Wydajność: 72 porcje

Składniki

- 2 patyczki margaryny; zmiękczony
- 1½ szklanki jasnobrązowego cukru; mocno zapakowane
- 2 jajka
- 2½ szklanki mąki uniwersalnej
- 1 łyżeczka sody oczyszczonej
- ½ łyżeczki soli
- 1 łyżeczka cynamonu
- 1 łyżeczka mielonego imbiru
- 1 szklanka posiekanych orzechów pekan
- 12 uncji kęsów wanilii
- 1 łyżeczka ekstraktu waniliowego

Wskazówki

a) Utrzeć margarynę, brązowy cukier i jajka. Wymieszaj, a następnie dodaj mąkę, sodę, sól, cynamon i imbir. Złóż orzechy pekan, chipsy waniliowe i wanilię.
b) Uformuj jednocalowe kulki. Kulki obtoczyć w cukrze cukierniczym.
c) Piec 8-10 minut w 375 stopniach.

PORZUCONE CIASTECZKA

67. Pomarańczowe Krople Żurawinowe

Składniki

- 1/2 szklanki zapakowanego brązowego cukru
- 1/4 szklanki masła, zmiękczonego
- 1 jajko
- 3 łyżki soku pomarańczowego
- 1/2 łyżeczki ekstraktu z pomarańczy
- 1 łyżeczka startej skórki z pomarańczy
- 1 1/2 szklanki mąki uniwersalnej
- 1/2 łyżeczki proszku do pieczenia
- 1/4 łyżeczki sody oczyszczonej
- 1/4 łyżeczki soli
- 1 szklanka suszonej żurawiny

Wskazówki

a) Rozgrzej piekarnik do 375°F (190°C). Lekko posmaruj arkusze ciastek lub wyłóż papierem do pieczenia.

b) W średniej misce utrzeć razem biały cukier, brązowy cukier i masło. Dodać jajko, sok pomarańczowy, ekstrakt z pomarańczy i skórkę z pomarańczy. Przesiej mąkę, proszek do pieczenia, sodę oczyszczoną i sól; wymieszać z pomarańczową mieszanką. Dodać suszoną żurawinę. Upuść ciasto na przygotowane arkusze ciastek, układając łyżeczki w odstępach 2 cali.

c) Piecz przez 10 do 12 minut lub do momentu, gdy brzegi zaczną się brązowieć. Schłodzić na blasze do pieczenia przez 5 minut, a następnie wyjąć na ruszt, aby całkowicie ostygło.

68. Krople śliwkowe cukrowe

Składniki

- 1/2 szklanki masła, zmiękczonego
- 1/2 szklanki skracania
- 11/2 szklanki białego cukru
- 2 jajka
- 2 łyżeczki ekstraktu waniliowego
- 2 3/4 szklanki mąki uniwersalnej
- 2 łyżeczki kremu tatarskiego
- 1 łyżeczka sody oczyszczonej
- 1/4 łyżeczki soli
- 2 łyżki białego cukru
- 2 łyżeczki mielonego cynamonu

Wskazówki

a) Rozgrzej piekarnik do 400 ° F (200 ° C).

b) Utrzeć masło, tłuszcz, 1 1/2 szklanki cukru, jajka i wanilię. Wymieszaj mąkę, śmietankę tatarską, sodę i sól. Uformuj ciasto zaokrąglonymi łyżkami w kulki.

c) Wymieszaj 2 łyżki cukru i cynamon. Rozwałkuj kulki ciasta w mieszance. Umieść 2 cale od siebie na nienatłuszczonych blachach do pieczenia.

d) Piec 8 do 10 minut lub do zastygnięcia, ale nie za twarde. Natychmiast wyjmij z blachy do pieczenia.

69. Wiedeńskie Ciasteczka Świąteczne Półksiężyca

Składniki

- 2 filiżanki mąki uniwersalnej
- 1 szklanka masła
- 1 szklanka orzechów laskowych, zmielonych
- 1/2 szklanki przesianego cukru cukierniczego
- 1/8 łyżeczki soli
- 1 łyżeczka ekstraktu waniliowego
- 2 szklanki przesianego cukru cukierniczego
- 1 fasolka waniliowa

Wskazówki

a) Rozgrzej piekarnik do 375°F (190°C).

b) W dużej misce wymieszaj mąkę, masło, orzechy, 1/2 szklanki cukru cukierniczego, sól i wanilię. Ręcznie mieszaj, aż dokładnie się połączą. Uformuj ciasto w kulę. Przykryj i wstaw do lodówki na 1 godzinę.

c) W międzyczasie wsyp cukier do miski lub małego pojemnika. Z ostrym nożem kucharskim, podzielony wzdłuż wanilii. Wydrap nasiona i wymieszaj je z cukrem. Pokrój strąk na 2-calowe kawałki i wymieszaj z cukrem.

d) Wyjmij ciasto z lodówki i uformuj w 1-calowe kulki. Rzuć każdą kulkę w małą rolkę o długości 3 cali. Upuść 2 cale od siebie na nienatłuszczonym arkuszu ciastek i zgnij je, aby uzyskać kształt półksiężyca.

e) Piecz 10-12 minut w nagrzanym piekarniku lub do zestalenia, ale nie zarumienienia.

f) Odstawić na 1 minutę, następnie wyjąć z blaszek. Gorące ciasteczka układamy na dużym arkuszu folii aluminiowej. Posyp przygotowaną mieszanką cukru. Obróć delikatnie, aby pokryć obie strony. Schłodź całkowicie i przechowuj w hermetycznym pojemniku w temperaturze pokojowej. Tuż przed podaniem posmaruj większą ilością cukru o smaku waniliowym.

70. Krople żurawinowe Hootycreeks

Składniki

- 5/8 szklanki mąki uniwersalnej
- 1/2 szklanki płatków owsianych
- 1/2 szklanki mąki uniwersalnej
- 1/2 łyżeczki sody oczyszczonej
- 1/2 łyżeczki soli
- 1/3 szklanki zapakowanego brązowego cukru
- 1/3 szklanki białego cukru
- 1/2 szklanki suszonej żurawiny
- 1/2 szklanki chipsów z białej czekolady
- 1/2 szklanki posiekanych orzechów pekan

Wskazówki

a) Ułóż składniki w słoiku o pojemności 1 litra lub 1 litra, w podanej kolejności.

b) 1. Rozgrzej piekarnik do 350 ° F (175 ° C). Nasmaruj arkusz lub linię ciastek pergaminem.

c) 2. W średniej misce ubić 1/2 szklanki miękkiego masła, 1 jajko i 1 łyżeczkę wanilii na puszystą masę. Dodaj cały słoik składników i mieszaj ręcznie, aż dobrze się połączą. Wrzuć czubatą łyżkę na przygotowane blachy do pieczenia.

d) 3. Piec przez 8 do 10 minut, aż brzegi zaczną się brązowieć. Schłodzić na blasze do pieczenia lub wyjąć do ostygnięcia na ruszcie.

71. Ciasteczka z jabłkami i rodzynkami

Wydajność: 1 porcji

Składniki

- 1 opakowanie Pillsbury Moist Supreme Yellow Cake Mix
- 1 łyżeczka cynamonu
- ½ łyżeczki gałki muszkatołowej
- ½ szklanki śmietany
- 2 jajka
- 1 szklanka jabłka; Grubo Rozdrobnione
- ½ szklanki rodzynek
- 2 łyżki cukru pudru
- 4 tuziny ciasteczek.

Wskazówki

a) Rozgrzej piekarnik do 350F. Smaruj arkusze ciastek. W dużej misce wymieszać ciasto, cynamon, gałkę muszkatołową, śmietanę i jajka; dobrze wymieszać.

b) Dodać jabłko i rodzynki. Upuść ciasto, układając łyżeczki 1 cal od siebie na wysmarowane tłuszczem blaszki. 2.

c) Piecz 10 do 14 minut lub do momentu, gdy brzegi się zarumienią.

d) Natychmiast usuń z arkuszy ciastek. Schłodzić 5 minut lub do całkowitego ostygnięcia. W razie potrzeby posyp cukrem pudrem.

72. Ciasteczka z jagodami

Wydajność: 30 porcji

Składniki

- 2 szklanki przesianej mąki
- 2 łyżeczki proszku do pieczenia
- $\frac{1}{4}$ łyżeczki soli
- $\frac{3}{4}$ Skrócenie filiżanki
- 1 szklanka cukru
- 2 jajka
- $1\frac{1}{2}$ łyżeczki starta skórka z cytryny
- $\frac{1}{2}$ szklanki mleka
- 1 szklanka świeżych jagód

Wskazówki

a) Przesiej mąkę, proszek do pieczenia i sól. Skrócić śmietankę do miękkości i stopniowo ubijać z cukrem. Dodaj jajka i skórkę z cytryny i ubijaj, aż dobrze się wymieszają. Mieszankę mąki dodawać na przemian z mlekiem, ubijając po każdym dodaniu na gładką masę.

b) Lekko złóż jagody. Upuść łyżeczkami na wysmarowaną tłuszczem blachę do ciastek. Piec w temperaturze 375 przez 10-12 minut.

73. Ciasteczka z wiśniami

Wydajność: 48 porcji

Składniki

- 1 opakowanie Ciasta Cherry Supreme Deluxe
- ½ szklanki oleju do gotowania
- 2 łyżki wody
- 2 jajka
- Kilka kropli czerwonego barwnika spożywczego
- 1 szklanka posiekanych orzechów
- Czwarta wiśnia maraschino

Wskazówki

a) Rozgrzej piekarnik do 350 stopni. Mieszaj mieszankę ciasta, olej, wodę, jajka i barwnik spożywczy. Dodaj orzechy. Upuść z łyżeczki na nienatłuszczoną blachę do ciastek. Posyp każde ciastko ćwiartką wiśni maraschino.

b) Piecz przez 10-12 minut. Schłodzić na blasze przez około 1 minutę, a następnie na stojaku, aby zakończyć chłodzenie.

74. Ciasteczka z kropli kakao

Wydajność: 5 tuzinów

Składniki

- ½ szklanki skracania
- 1 szklanka cukru
- 1 jajko
- ¾ filiżanka maślanki
- 1 łyżeczka ekstraktu waniliowego
- 1¾ kubek mąki, uniwersalny
- ½ łyżeczki sody
- ½ łyżeczki soli
- ½ szklanki kakao
- 1 szklanka orzechów pekan; posiekane (lub orzechy włoskie)

Wskazówki

a) Skrócenie śmietankowe; stopniowo dodawać cukier, ubijając na jasną i puszystą masę. Dodaj jajko, dobrze ubijając. Dodaj maślankę i ekstrakt waniliowy.

b) Połącz mąkę, sodę, sól i kakao; dodać do kremowej mieszanki, dobrze ubijając. Dodaj orzechy pekan. Schłodzone ciasto 1 godzinę.

c) Upuść ciasto łyżeczkami, w odstępach 2 cali, na wysmarowane tłuszczem blaszki.

d) Piec w 400 stopniach przez 8 do 10 minut.

75. Upuść ciasteczka z datą

Wydajność: 30 ciasteczek

Składniki

- 4 filiżanki Podstawowy mix ciasteczek
- $\frac{1}{4}$ łyżeczki cynamonu
- 2 jajka, ubite
- 1 szklanka posiekanych daktyli
- 3 łyżki cukru
- 1 łyżeczka wanilii
- $\frac{1}{4}$ szklanki wody lub maślanki
- połówki orzechów włoskich
- 3 łyżki wody
- $\frac{1}{4}$ szklanki posiekanych orzechów

Wskazówki

a) W małym rondelku wymieszać daktyle, cukier i wodę. Gotuj na średnim ogniu około 5 do 10 minut, mieszając, aż będzie gęsta. Usuń z ognia.

b) Lekko ostudzić. Dodaj posiekane orzechy. Odstawić do ostygnięcia. Rozgrzej piekarnik do 375. Lekko posmaruj blachę do pieczenia. W dużej misce wymieszaj mieszankę ciastek, cynamon, jajka, wanilię i wodę lub maślankę. Dobrze wymieszaj. Upuść łyżeczką na przygotowane blachy do pieczenia.

c) Łyżka $\frac{1}{2}$ łyżeczki nadzienia daktylowego na wierzch każdego ciasteczka, lekko przygnębiając ciasto. Przykryj każdą kolejną łyżeczką ciasta. Top z połową orzecha włoskiego. Piec 10 do 12 minut.

76. Ciasteczka z diabelskim jedzeniem

Wydajność: 6 porcji

Składniki

- 1 szklanka brązowego cukru
- ½ szklanki masła, zmiękczonego
- 1 łyżeczka wanilii
- 2 uncje (2 kwadraty) niesłodzonej czekolady
- 1 jajko
- 2 szklanki mąki
- ½ łyżeczki sody oczyszczonej
- ½ łyżeczki soli
- ¾ filiżanka śmietany
- ½ szklanki siekanych orzechów włoskich

Lukier mokka:

- 1½ szklanki cukru pudru
- 2 łyżki niesłodzonego kakao
- ¼ szklanki masła, zmiękczonego
- 1 do 2 łyżeczek. kawa rozpuszczalna w granulkach
- 1½ łyżeczki wanilii
- 2 do 3 łyżek. mleko

Wskazówki

Ciasteczka:

a) Rozgrzej piekarnik do 350 stopni. Smaruj arkusze ciastek. W dużej misce ubij brązowy cukier i ½ szklanki masła na jasną i puszystą masę. Dodaj 1 łyżeczkę. wanilia, czekolada i jajko; dobrze wymieszać.

b) Lekko wsyp mąkę do miarki; wyrównać. W małej misce wymieszać mąkę, sodę i sól. Dodaj suche składniki i śmietanę do mieszanki czekoladowej; dobrze wymieszaj.

c) Dodaj orzechy włoskie. Upuść, układając czubate łyżeczki w odstępach 2 cali na wysmarowanych tłuszczem blaszkach. Piecz w temperaturze 350 przez 10 do 14 minut lub do zastygnięcia.

d) Fajna 1 minuta; usunąć z arkuszy ciasteczek. Fajnie całkowicie.

Lukier:

e) W małej misce połącz wszystkie składniki lukru, dodając wystarczającą ilość mleka, aby uzyskać pożądaną konsystencję; miksuj do uzyskania gładkości. Rozłóż na schłodzonych ciasteczkach. Pozostawić lukier przed przechowywaniem.

77. Ciasteczka z orzechów hikorowych

Wydajność: 1 porcja

Składniki

- 2 szklanki cukru
- 1 szklanka skracania; bić dobrze
- 2 jajka
- 1 szklanka mleka; kwaśna lub 1 szklanka maślanki
- 4 szklanki mąki
- 1 łyżeczka sody oczyszczonej
- 1 łyżeczka proszku do pieczenia
- 1 szklanka orzechów; posiekany
- 1 szklanka rodzynek; posiekany

Wskazówki

a) Przesiej sodę i proszek do pieczenia z mąką.

b) Połącz pozostałe składniki, dobrze wymieszaj.

c) Upuść łyżeczkami do herbaty na blasze.

d) Piec w umiarkowanym piekarniku o temperaturze 375 F.

78. Ciasteczka z ananasem

Wydajność: 1 porcja

Składniki

- ¼ szklanki masła
- ¾ filiżanka cukru
- 1 każde jajko
- ¼ szklanki ananasa; osuszony i zmiażdżony
- 1¼ szklanki mąki; przesiany
- Sól; szczypta
- ¼ łyżeczki Soda oczyszczona
- ½ łyżeczki proszku do pieczenia
- ¼ szklanki wędlin orzechowych

Wskazówki

a) Utrzeć masło, cukier, dodać pozostałe składniki. Dobrze wymieszaj, upuść ½ łyżeczki na blasze.

b) Piec w piekarniku w temperaturze 375 F.

79. Ciasteczka z rodzynkami i ananasem

Wydajność: 36 porcji

Składniki

- ½ szklanki masła
- ½ łyżeczki wanilii
- 1 szklanka brązowego cukru, zapakowana
- 1 jajko
- ½ szklanki rodzynek
- ¾ szklanki pokruszonego ananasa, odsączonego
- 2½ szklanki mąki
- 1 łyżeczka proszku do pieczenia
- 1 łyżeczka sody oczyszczonej
- ½ łyżeczki soli

Wskazówki

a) Utrzeć masło, wanilię i cukier na jasną i puszystą masę. Dobrze dodać jajko i śmietanę. Dodać rodzynki i ananasa. Przesiej suche składniki razem. Stopniowo dodawać do kremowej masy. Mieszaj, aż dobrze się połączą.

b) Wrzuć łyżeczkami na wysmarowane tłuszczem blaszki. Piec 12-15 minut w nagrzanym do 375oF piekarniku.

80. Ciasteczka z cukinii

Wydajność: 36 porcji

Składniki

- 1 szklanka startej cukinii
- 1 łyżeczka sody oczyszczonej
- 1 szklanka cukru
- ½ szklanki tłuszczu lub masła
- 1 jajko; bity
- 2 szklanki mąki
- 1 łyżeczka cynamonu
- ½ łyżeczki zmielonych goździków
- ½ łyżeczki soli
- 1 szklanka posiekanych orzechów
- 1 szklanka rodzynek

Wskazówki

a) Wymieszaj cukinię, sodę, cukier, masło i ubite jajko. Przesiej mąkę, cynamon, goździki i sól. Mieszaj, aby zmiksować. Wymieszaj rodzynki i orzechy i upuść ciasto z łyżeczką na wysmarowaną tłuszczem blachę.

b) Piec w rozgrzanym piekarniku 375F 12-15 minut. Sprawia, że 3 tuziny.

KANAPKI Z CIASTECZKAMI

81. Ciasteczka Czekoladowe z Truflami

Zrobi około 16 ciasteczek

Składniki

- 8 łyżek (1 laska) niesolonego masła
- 8 uncji ciemnej czekolady (64% kakao lub więcej), grubo posiekanej
- ½ szklanki niebielonej mąki uniwersalnej lub mąki bezglutenowej
- 2 łyżki proszku kakaowego przetworzonego w Holandii (99% kakao)
- ¼ łyżeczki drobnej soli morskiej
- ¼ łyżeczki sody oczyszczonej
- 2 duże jajka w temperaturze pokojowej
- ½ szklanki) cukru
- 2 łyżeczki ekstraktu waniliowego
- 1 szklanka gorzkiej czekolady (64% kakao lub więcej)

Wskazówki:

a) Roztop masło i ciemną czekoladę w podwójnym bojlerze na małym ogniu, od czasu do czasu mieszając, aż do całkowitego rozpuszczenia. Fajnie całkowicie.

b) W małej misce wymieszaj mąkę, proszek kakaowy, sól i sodę oczyszczoną. Odłożyć na bok.

c) Za pomocą miksera elektrycznego ubij jajka z cukrem w dużej misce na wysokich obrotach, aż będą jasne i puszyste, około 2 minut. Dodaj wanilię, następnie dodaj rozpuszczoną czekoladę i masło i ubijaj przez 1 do 2 minut, aż się połączą.

d) Zeskrobać boki miski i za pomocą dużej gumowej łopatki wymieszać suche składniki, aż do połączenia. Dodać kawałki czekolady. Przykryj folią i wstaw do lodówki na co najmniej 4 godziny.

e) Umieść stojak na środku piekarnika i rozgrzej piekarnik do 325°F. Blachę do pieczenia wyłożyć papierem do pieczenia.

f) Zmocz ręce wodą i zwiń ciasto w 2-calowe kulki, umieszczając je około 2 cale od siebie na wyłożonej blasze do pieczenia. Pracuj szybko, a jeśli pieczesz ciasteczka partiami, między rundami przechowuj pozostałe ciasto w lodówce.

g) Piecz przez 12 do 13 minut, aż brzegi lekko się podniosą, a środek będzie w większości zwarty. Wyjmij z piekarnika i pozostaw do ostygnięcia na patelni przez co najmniej 10 minut, następnie przełóż na stojak i ostudź całkowicie.

Składanie kanapek z lodami

h) Umieść ciasteczka na blasze i zamrażaj przez 1 godzinę. Zmiękcz 1 litr lodów, aż będą nabierane. Lubię zachować prostotę i użytkowanieLody na słodko, ale możesz użyć dowolnego smaku.

i) Wyjmij ciasteczka z zamrażarki i szybko nałóż na ciastko od 2 do 4 uncji lodów. Ubij lody, umieszczając na wierzchu kolejne ciasteczko. Powtarzać.

j) Po złożeniu wszystkich kanapek włóż je do zamrażarki na co najmniej 2 godziny, aby stwardniały.

82. Kanapki z kremem owsianym

Robi 24 ciasteczka

:

Składniki

- 1½ szklanki niebielonej mąki uniwersalnej
- 2 szklanki szybko gotujących się płatków owsianych (płatki owsiane błyskawiczne)
- 1 łyżeczka sody oczyszczonej
- ¼ łyżeczki mielonego cynamonu
- ½ funta (2 paluszki) niesolonego masła, zmiękczonego
- 1½ kubka pakowany jasnobrązowy cukier
- ¾ łyżeczka drobnej soli morskiej
- 1 łyżeczka ekstraktu waniliowego
- 2 duże jajka w temperaturze pokojowej
- 1-litrowe lody do wyboru

Wskazówki:

a) Umieść stojak na środku piekarnika i rozgrzej piekarnik do 325°F. Wyłóż dwie blachy do pieczenia pergaminem.

b) W misce wymieszać mąkę, płatki owsiane, sodę oczyszczoną i cynamon i dokładnie wymieszać. Używając miksera elektrycznego, ubij masło w dużej misce, aż będzie gładkie i kremowe.

c) Dodaj cukier i sól i ubijaj, aż masa będzie jasna i puszysta; w razie potrzeby zeskrob boki miski. Dodaj ekstrakt waniliowy i ubij, aby połączyć.

d) Dodawaj jajka pojedynczo, dobrze ubijając po każdym dodaniu. Ciasto powinno być gładkie i kremowe.

e) Dodaj połowę suchych składników i mieszaj na niskich obrotach, aż się połączą. Dodaj pozostałą mąkę i mieszaj, aż się połączą. Uważaj, aby nie przepracować ciasta.

f) Użyj 1-uncjowej miarki do porcjowania ciasta na blachę do pieczenia, oddzielając ciasteczka około 2 cale od siebie.

g) Lekko spłaszcz ciasteczka nasadą dłoni lub grzbietem drewnianej łyżki.

h) Piecz ciasteczka przez 7 minut. Obróć patelnię i piecz jeszcze 4 do 6 minut lub do momentu, gdy ciasteczka będą bardzo lekko przyrumienione na brzegach, ale ledwo ustawione w środku.

i) Niech ciasteczka ostygną przez 10 minut na blasze do pieczenia. Następnie ułóż je w pojemniku lub w 1-galonowej torbie do zamrażania Ziploc i zamrażaj przez 2 godziny.

j) Aby złożyć kanapki z kremem, umieść 3 mrożone ciasteczka na blasze. Umieść zaokrągloną gałkę (2 do 3 uncji) lekko zmiękczonych lodów na każdym ciastku.

k) Na wierzch dołóż jeszcze trzy ciasteczka, zgniatając je razem, aż lody spłaszczą się i zetkną z zewnętrznymi krawędziami.

l) Włóż w pełni zmontowane kanapki z kremem z powrotem do zamrażarki i powtórz z pozostałymi ciasteczkami.

83.   Ptysie z kremem i ciastko z eklerami

Robi od 6 do 12 porcji

Składniki

- 1 szklanka letniej wody
- 4 łyżki (½ laski) niesolonego masła, pokrojonego na kawałki
- 1 szklanka niebielonej mąki uniwersalnej lub mąki bezglutenowej
- 4 duże jajka w temperaturze pokojowej
- Mrożony Krem Waniliowy Słony lub Mrożony krem czekoladowy z kozim mlekiem
- polewą czekoladową (użyj 4 łyżek pełnego mleka)

Wskazówki:

a) Rozgrzej piekarnik do 400 ° F.

b) Połącz wodę i masło w średnio ciężkim rondlu i zagotuj, mieszając, aby rozpuścić masło. Wlej całą mąkę i mieszaj, aż mieszanina utworzy kulkę.

c) Zdjąć z ognia i ubijać pojedynczo jajka mikserem elektrycznym.

Do Ptysiów Cream

d) Nałóż sześć 4-calowych pojedynczych kopczyków ciasta na nienatłuszczoną blachę do ciastek (w przypadku mniejszych zaciągnięć zrób dwanaście 2-calowych kopczyków). Piec na złoty kolor, około 45 minut. Wyjmij z piekarnika i ostudź.

Dla eklerów

e) Dopasuj torebkę do ciasta z gładką końcówką ¼ cala, a następnie wyłóż sześć do dwunastu 4-calowych pasków na nienatłuszczony arkusz ciastek. Piec na złoty kolor, około 45 minut. Wyjmij z piekarnika i ostudź.

Na pierścionek

f) Upuść nawet łyżki ciasta na nienatłuszczoną blachę do ciastek, aby uzyskać 12-calowy owal. Piec na złoty kolor, 45 do 50 minut. Wyjmij z piekarnika i ostudź.

Złożyć

g) Przygotuj glazurę. Pokrój ptysie, eklerki lub ciasto na pół. Napełnij lodami i załóż z powrotem wierzch(y).

h) Aby uzyskać kremowe ptysie, zanurz wierzch każdego ptysie w czekoladzie. W przypadku eklerów obficie nałóż na nie glazurę. W przypadku ciasta w kształcie pierścienia dodaj do glazury dodatkowe 5 łyżek mleka; skropić nim tort.

i) Ciasto lub plastry ciasta do podania ułożyć na talerzach.

84. Kanapka z lodami?

Składniki

- 12 czekoladowych ciasteczek
- 2 szklanki lodów waniliowych (lub o innym smaku), zmiękczone

Wskazówki:

a) Umieść ciasteczka na tacy w zamrażarce.

b) Rozłóż zmiękczone lody na płaskiej patelni lub pojemniku na około 1/2 cala grubości i ponownie zamroź. Gdy lody znów będą jędrne, ale nie twarde, pokrój 6 kółek lodów tak, aby pasowały do ciasteczek. Ostrożnie przenieś lody z patelni na 6 ciastek.

c) Na wierzch z drugim ciasteczkiem. Dociśnij, aby dobrze uszczelnić i zamroź, aż będzie gotowe do spożycia. Jeśli są dobrze zamrożone, wyjmij je z zamrażarki na 10 do 15 minut przed ich zjedzeniem, w przeciwnym razie będą bardzo twarde.

d) Zjedz w ciągu kilku dni.

Serwuje 6

85. Truskawkowe włoskie kanapki

Robi: od 12 do 16 kanapek

Składniki

- 1 szklanka bezmlecznej margaryny, zmiękczonej
- 3/4 szklanki odparowanego cukru trzcinowego, podzielonego
- 2 łyżeczki ekstraktu waniliowego
- 2-1/4 szklanki niebielonej mąki uniwersalnej

Wskazówki

a) W dużej misce wymieszaj margarynę, 1/2 szklanki cukru i wanilię, aż dobrze się połączą. Dodaj mąkę partiami i mieszaj, aż ciasto będzie miękkie i gładkie. Podziel ciasto na pół i uformuj każdą połowę w prostokątną kłodę o długości około 5 cali, szerokości 3 cali i wysokości 2 cali. Posyp pozostałą 1/4 szklanki cukru czystą powierzchnię i obtocz w niej każdą kłodę, aby pokryła ją na zewnątrz. Zawiń każdą kłodę w plastikową folię i przechowuj w lodówce przez co najmniej 2 godziny.

b) Rozgrzej piekarnik do 375°F. Wyłóż dwie blachy do pieczenia papierem do pieczenia.

c) Wyjmij kłody ciasta ciasteczkowego z lodówki. Za pomocą ostrego noża pokrój kłody na plastry o grubości 1/4 cala, dociskając boki kłody podczas cięcia, aby zachować jej kształt. Połóż pokrojone ciasteczka na przygotowanych blachach do pieczenia w odległości 1 cala. Piecz przez 8 do 10 minut, aż brzegi się lekko zarumienią.

d) Po wyjęciu z piekarnika pozostawić ciasteczka do ostygnięcia na patelni przez 5 minut, a następnie przełożyć na ruszt. Niech ciasteczka całkowicie ostygną. Przechowywać w hermetycznym pojemniku

86. Ciasto marchewkowe kanapki

Robi: od 12 do 16 kanapek

Składniki

- 2 szklanki niebielonej mąki uniwersalnej
- 1/2 łyżeczki proszku do pieczenia
- 2 łyżeczki mielonego cynamonu
- 1/2 łyżeczki mielonego imbiru
- 1/4 łyżeczki mielonej gałki muszkatołowej
- 1/4 łyżeczki soli
- 3/4 szklanki margaryny bezmlecznej, w temperaturze pokojowej
- 1 szklanka zapakowanego ciemnobrązowego cukru
- 1/2 szklanki odparowanego cukru trzcinowego
- 2 łyżeczki ekstraktu waniliowego
- 1-1/2 szklanki drobno posiekanej marchewki (około 2 średniej wielkości marchewki)
- 1/3 szklanki prażonego, posiekanego kokosa (opcjonalnie)
- 1/3 szklanki pokruszonych orzechów włoskich (opcjonalnie)

Wskazówki

a) Rozgrzej piekarnik do 350 ° F. Wyłóż dwie blachy do pieczenia papierem do pieczenia.

b) W małej misce wymieszaj mąkę, proszek do pieczenia, cynamon, imbir, gałkę muszkatołową i sól. W dużej misce utrzeć razem margarynę, brązowy cukier, cukier trzcinowy i wanilię. Dodaj suche składniki na mokro partiami, aż będą gładkie, a następnie dodaj posiekaną marchewkę, kokos i orzechy włoskie, jeśli używasz.

c) Za pomocą zakraplacza do ciastek lub łyżki stołowej upuść czubate miarki ciasta na przygotowane blachy do pieczenia w odległości około 2 cali. Delikatnie dociśnij każde ciasteczko.

d) Piecz przez 9 do 11 minut, aż brzegi będą lekko złociste. Wyjmij z piekarnika i pozostaw do ostygnięcia na blasze do pieczenia przez 5 minut, a następnie wyjmij do ostygnięcia na ruszcie. Niech ciasteczka całkowicie ostygną. Przechowywać w hermetycznym pojemniku

87. Lody imbirowo-orzechowe

Sprawia: 1 kwarta

- 2 szklanki mleka bezmlecznego (o większej zawartości tłuszczu, np. sojowego lub konopnego)

- 3/4 szklanki odparowanego cukru trzcinowego

- 1 łyżeczka mielonego imbiru

- 1 łyżeczka ekstraktu waniliowego

- 1-1/2 szklanki surowych orzechów nerkowca

- 1/16 łyżeczki gumy guar

- 1/3 szklanki drobno posiekanego kandyzowanego imbiru

Wskazówki

a) W dużym rondlu wymieszaj mleko i cukier. Na średnim ogniu doprowadzić mieszaninę do wrzenia, często ubijając. Gdy się zagotuje, zmniejsz ogień na średnio-niski i ciągle mieszaj, aż cukier się rozpuści, około 5 minut. Zdejmij z ognia, dodaj imbir i wanilię i ubij do połączenia.

b) Ułóż orzechy nerkowca na dnie miski żaroodpornej i zalej je gorącą mieszanką mleka. Niech całkowicie ostygnie. Po schłodzeniu przenieś miksturę do robota kuchennego lub blendera szybkoobrotowego i miksuj, aż będzie gładka, zatrzymując się, aby w razie potrzeby zeskrobać boki. Pod koniec przetwarzania posyp gumę guar i upewnij się, że jest dobrze wkomponowana.

c) Wlej mieszaninę do miski 1-1/2- lub 2-litrowej maszyny do lodów i przetwarzaj zgodnie z instrukcjami producenta. Gdy lody będą gotowe, delikatnie wymieszaj z kandyzowanym imbirem. Przechowywać w hermetycznym pojemniku w zamrażarce przez co najmniej 2 godziny przed złożeniem kanapek.

Aby zrobić kanapki

d) Niech lody lekko zmiękną, aby można je było łatwo nabrać. Połowę ciastek ułożyć dnem do góry na czystej powierzchni. Nałóż jedną hojną gałkę lodów, około 1/3 szklanki, na wierzch każdego ciasteczka. Pokryj lody pozostałymi ciasteczkami, tak aby spód ciastek dotykał lodów.

e) Delikatnie naciśnij ciasteczka, aby je wyrównać. Owiń każdą plastikową folię kanapkową lub woskowany papier i włóż do zamrażarki na co najmniej 30 minut przed podaniem.

88. Ciastko czekoladowe i kanapka waniliowa

Składniki

- 1/3 szklanki margaryny bezmlecznej, w temperaturze pokojowej
- 2/3 szklanki odparowanego cukru trzcinowego
- 2 łyżki mleka bezmlecznego
- 1/4 łyżeczki łagodnego octu
- 1 łyżeczka ekstraktu waniliowego
- 3/4 szklanki niebielonej mąki uniwersalnej
- 1/3 szklanki niesłodzonego kakao do pieczenia, przesianego
- 1/2 łyżeczki proszku do pieczenia
- 1/8 łyżeczki soli

Wskazówki

a) Rozgrzej piekarnik do 375°F. Blachę do pieczenia wyłożyć papierem do pieczenia.
b) W średniej misce utrzeć razem margarynę i cukier. Dodaj mleko, ocet i wanilię. W małej misce wymieszaj mąkę, kakao, proszek do pieczenia i sól. Dodaj suche składniki na mokro i dokładnie wymieszaj.
c) Wyjdź na przygotowaną blachę do pieczenia. Umieść arkusz woskowanego papieru na cieście i rozwałkuj na kwadrat o grubości około 1/4 cala. Usuń woskowany papier i piecz przez 10 do 12 minut, aż brzegi się zwiążą i będą lekko spuchnięte. Będzie wydawać się miękki i nie do końca upieczony, ale tak jest.

d) Wyjmij z piekarnika i ostudź przez około 15 minut na blasze do pieczenia na ruszcie. Ostrożnie pokrój ciasteczka w pożądany kształt. Możesz użyć krajalnicy do szkła lub ciastek, aby je zaokrąglić, lub zmaksymalizować ciasto, krojąc je na kwadraty o równej wielkości.
e) Wyjmij ciasteczka z blachy i pozostaw do całkowitego schłodzenia na stojaku.

89. Kanapka z lodami sojowymi waniliowymi

Sprawia: 1-1/4 kwarty

Składniki

- 3/4 szklanki odparowanego cukru trzcinowego
- 1 łyżka stołowa plus 2 łyżeczki skrobi z tapioki
- 2 1/2 szklanki mleka sojowego lub konopnego (pełnotłuszczowe)
- 1 łyżeczka oleju kokosowego
- 2 łyżeczki ekstraktu waniliowego

Wskazówki

a) W dużym rondlu wymieszać cukier i skrobię z tapioki i ubijać, aż się połączą. Wlać mleko, ubijając do włączenia.
b) Na średnim ogniu doprowadzić mieszaninę do wrzenia, często ubijając. Gdy dojdzie do wrzenia, zmniejsz ogień do średnio-niskiego i ciągle mieszaj, aż mieszanina zgęstnieje i pokryje grzbiet łyżki, około 5 minut. Zdejmij z ognia, dodaj olej kokosowy i wanilię i wymieszaj do połączenia.
c) Przenieś miksturę do miski żaroodpornej i pozwól jej całkowicie ostygnąć.
d) Wlej mieszaninę do miski 1-1/2- lub 2-litrowej maszyny do lodów i przetwarzaj zgodnie z instrukcjami producenta. Przechowywać w hermetycznym pojemniku w zamrażarce przez co najmniej 2 godziny przed złożeniem kanapek.

Aby zrobić kanapki

e) Niech lody lekko zmiękną, aby można je było łatwo nabrać. Połowę ciastek ułożyć dnem do góry na czystej powierzchni. Nałóż jedną hojną gałkę lodów, około 1/3 szklanki, na wierzch każdego ciasteczka.

f) Pokryj lody pozostałymi ciasteczkami, tak aby spód ciastek dotykał lodów. Delikatnie naciśnij ciasteczka, aby je wyrównać.

g) Zawiń każdą kanapkę w folię lub papier woskowany i włóż do zamrażarki na co najmniej 30 minut przed podaniem.

90. Rentgenowskie kanapki z lodami

Robi: od 12 do 16 kanapek

Składniki

- 2 szklanki niebielonej mąki uniwersalnej
- 1 łyżeczka sody oczyszczonej
- 1/4 łyżeczki soli
- 1 szklanka margaryny bezmlecznej w temperaturze pokojowej
- 1/2 szklanki zapakowanego brązowego cukru
- 1/2 szklanki odparowanego cukru trzcinowego
- 1 łyżeczka mąki kukurydzianej
- 2 łyżki mleka bezmlecznego
- 1-1/2 łyżeczki ekstraktu waniliowego

Wskazówki

a) Rozgrzej piekarnik do 350 ° F. Wyłóż dwie blachy do pieczenia papierem do pieczenia.

b) W małej misce wymieszaj mąkę, sodę oczyszczoną i sól. W dużej misce utrzeć razem margarynę, brązowy cukier i cukier trzcinowy. Rozpuść skrobię kukurydzianą w mleku w małej misce i dodaj do mieszanki margaryny wraz z wanilią. Dodaj suche składniki na mokro partiami i mieszaj, aż będą gładkie.

c) Za pomocą zakraplacza do ciastek lub łyżki stołowej upuść czubate łyżki ciasta na przygotowane blachy do pieczenia w odległości około 2 cali. Piecz przez 8 do 10 minut, aż brzegi będą lekko złociste.

d) Wyjmij z piekarnika i pozostaw do ostygnięcia na patelni przez 5 minut, a następnie wyjmij do ostygnięcia na ruszcie. Niech ciasteczka całkowicie ostygną. Przechowywać w hermetycznym pojemniku.

91. Lody Czekoladowo Sojowe

Sprawia: 1-1/4 kwarty

Składniki

- 3/4 szklanki odparowanego cukru trzcinowego
- 1/3 szklanki niesłodzonego kakao do pieczenia, przesianego
- 1 łyżka skrobi z tapioki
- 2 1/2 szklanki mleka sojowego lub konopnego (pełnotłuszczowe)
- 2 łyżeczki oleju kokosowego
- 2 łyżeczki ekstraktu waniliowego

Wskazówki

a) W dużym rondlu wymieszaj cukier, kakao i skrobię z tapioki i ubij, aż kakao i skrobia zostaną zmieszane z cukrem. Wlać mleko, ubijając do włączenia. Na średnim ogniu doprowadzić mieszaninę do wrzenia, często ubijając.

b) Gdy dojdzie do wrzenia, zmniejsz ogień do średnio-niskiego i ciągle mieszaj, aż mieszanina zgęstnieje i pokryje grzbiet łyżki, około 5 minut. Zdejmij z ognia, dodaj olej kokosowy i wanilię i ubij do połączenia.

c) Przenieś miksturę do miski żaroodpornej i pozwól jej całkowicie ostygnąć.

d) Wlej mieszaninę do miski 1-1/2- lub 2-litrowej maszyny do lodów i przetwarzaj zgodnie z instrukcjami producenta. Przechowywać w hermetycznym pojemniku w zamrażarce przez co najmniej 2 godziny przed złożeniem kanapek.

e) Niech lody lekko zmiękną, aby można je było łatwo nabrać. Połowę ciastek ułożyć dnem do góry na czystej powierzchni. Nałóż jedną hojną gałkę lodów, około 1/3 szklanki, na wierzch każdego ciasteczka. Pokryj lody pozostałymi ciasteczkami, tak aby spód ciastek dotykał lodów.

f) Delikatnie naciśnij ciasteczka, aby je wyrównać. Każdą kanapkę zawiń w folię lub woskowany papier i włóż do zamrażarki na co najmniej 30 minut przed podaniem.

92. Kanapki z podwójną czekoladą

Robi: od 12 do 16 kanapek

Składniki

- 1 szklanka niebielonej mąki uniwersalnej
- 1/2 szklanki niesłodzonego kakao do pieczenia, przesianego
- 1/2 łyżeczki sody oczyszczonej
- 1/4 łyżeczki soli
- 1/4 szklanki bezmlecznych kawałków czekolady, roztopionych
- 1/2 szklanki margaryny bezmlecznej, zmiękczonej
- 1 szklanka odparowanego cukru trzcinowego
- 1 łyżeczka ekstraktu waniliowego

Wskazówki

a) Rozgrzej piekarnik do 325°F. Wyłóż dwie blachy do pieczenia papierem do pieczenia.
b) W średniej misce wymieszaj mąkę, kakao, sodę oczyszczoną i sól. W dużej misce mikserem ręcznym zmiksuj roztopione kawałki czekolady, margarynę, cukier i wanilię, aż się dobrze połączą. Dodaj suche składniki na mokro partiami, aż do całkowitego połączenia.
c) Nałóż małe kulki ciasta, mniej więcej wielkości dużego marmuru (około 2 łyżeczki), na przygotowane blachy do pieczenia w odległości około 2 cali. Lekko posmaruj tył łyżki stołowej i delikatnie i równomiernie dociśnij każde ciasteczko, aż zostanie spłaszczone i mierzy około 1-1/2 cala szerokości. Piecz przez 12 minut lub do momentu, gdy

brzegi się zetną. Jeśli pieczesz oba arkusze jednocześnie, obróć je do połowy.

d) Po wyjęciu z piekarnika pozostawić ciasteczka do ostygnięcia na patelni przez 5 minut, a następnie przełożyć na ruszt. Niech ciasteczka całkowicie ostygną. Przechowywać w hermetycznym pojemniku

93. Kanapka z lodami czekoladowo-kokosowymi

Sprawia: 1 kwarta

Składniki

- 3/4 szklanki odparowanego cukru trzcinowego
- 1/3 szklanki niesłodzonego kakao do pieczenia, przesianego
- 1 puszka (13,5 uncji) pełnotłustego mleka kokosowego (nie lekkiego)
- 1 szklanka mleka bezmlecznego
- 1 łyżeczka ekstraktu waniliowego

Wskazówki

a) W dużym rondlu wymieszać cukier i kakao i ubijać, aż kakao zostanie zmieszane z cukrem. Wlej mleko kokosowe i inne mleko bezmleczne, ubijając, aby włączyć. Na średnim ogniu doprowadzić mieszaninę do wrzenia, często ubijając. Gdy się zagotuje, zmniejsz ogień na średnio-niski i ciągle mieszaj, aż cukier się rozpuści, około 5 minut. Zdjąć z ognia i dodać wanilię, ubijając do połączenia.
b) Przenieś miksturę do miski żaroodpornej i pozwól jej całkowicie ostygnąć.
c) Wlej mieszaninę do miski 1-1/2 lub 2-litrowej maszyny do lodów i przetwarzaj zgodnie z instrukcjami producenta. Przechowywać w hermetycznym pojemniku w zamrażarce przez co najmniej 2 godziny przed złożeniem kanapek.
d) Niech lody lekko zmiękną, aby można je było łatwo nabrać. Połowę ciastek ułożyć dnem do góry na czystej powierzchni. Nałóż jedną hojną gałkę lodów, około 1/3 szklanki, na wierzch każdego ciasteczka. Pokryj lody

pozostałymi ciasteczkami, tak aby spód ciastek dotykał lodów.
e) Delikatnie naciśnij ciasteczka, aby je wyrównać. Zawiń każdą kanapkę w folię lub papier woskowany i włóż do zamrażarki na co najmniej 30 minut przed podaniem.

94. Mrożone banany czekoladowe

Składniki

- 4 twarde, ale dojrzałe małe banany
- 6 oz. mleczna czekolada, połamana na kawałki
- 6 łyżek gęstej śmietany
- 4 łyżki soku pomarańczowego

Wskazówki

a) Banany należy zamrozić w skórkach przez około 2 godziny.

b) W małym rondelku rozpuść czekoladę ze śmietaną i sokiem pomarańczowym, mieszając od czasu do czasu, aż się rozpuści i będzie gładka. Wlać do zimnej miski i odstawić, aż zacznie gęstnieć i ostygnąć. Nie pozwól, aby zrobiło się zbyt zimno, w przeciwnym razie nie będzie się łatwo pokrywać.

c) Wyjmij banany z zamrażarki i starannie usuń ich skórki. Zanurz każdy banan w czekoladzie, aby dokładnie go pokryć, a następnie wyjmij go za pomocą jednego lub dwóch długich drewnianych patyczków. Trzymaj banana nad miską, aż nadmiar czekolady spłynie. Następnie połóż banana na woskowanym papierze, aż czekolada zastygnie. Pokrój na 2 lub 3 kawałki i włóż do zamrażarki, aż będzie gotowa do podania.

d) Włóż patyczek do każdego kawałka do podania, jeśli chcesz.

e) Te banany nie nadają się do spożycia i powinny być spożywane w dniu ich wytworzenia.

95.   Kanapka z lodami?

Składniki

- 12 czekoladowych ciasteczek
- 2 szklanki lodów waniliowych (lub o innym smaku), zmiękczone

Wskazówki

a) Umieść ciasteczka na tacy w zamrażarce.

b) Rozłóż zmiękczone lody na płaskiej patelni lub pojemniku na około 1/2 cala grubości i ponownie zamroź. Gdy lody znów będą jędrne, ale nie twarde, pokrój 6 kółek lodów tak, aby pasowały do ciasteczek. Ostrożnie przenieś lody z patelni na 6 ciastek.

c) Na wierzch z drugim ciasteczkiem. Dociśnij, aby dobrze uszczelnić i zamroź, aż będzie gotowe do spożycia. Jeśli są dobrze zamrożone, wyjmij je z zamrażarki na 10 do 15 minut przed ich zjedzeniem, w przeciwnym razie będą bardzo twarde.

d) Zjedz w ciągu kilku dni.

Serwuje 6

SNICKERDOODLE

96. Snickerdoodles z mąki kukurydzianej

Wydajność: 4 porcje

Składniki

- 1 szklanka niesolonego masła w pokoju
- Temperatura
- ⅓ filiżanka miodu
- ⅓ filiżanka cukru
- 2 duże jajka w temperaturze pokojowej
- skórka drobno starta 1
- Cytrynowy
- ½ łyżeczki wanilii
- 1½ szklanki mąki
- 1 szklanka żółtej mąki kukurydzianej
- 1 łyżeczka proszku do pieczenia
- ½ łyżeczki soli
- Cukier do bułkowania ciasteczek

Wskazówki

a) Utrzeć razem masło, miód i cukier. Wbić jajka, dodać skórkę z cytryny i wanilię. W osobnej misce wymieszać mąkę, mąkę kukurydzianą, proszek do pieczenia i sól.

b) Wymieszaj suche składniki w kremowej mieszance w 2 etapach, aż zostaną równomiernie połączone. Przykryj ciasto i wstaw do lodówki na 3 godziny.

c) Można przechowywać w lodówce na noc. Rozgrzej piekarnik do 375 i posmaruj arkusze ciastek. Uformuj ciasto w kulki o średnicy $1\frac{1}{4}$ cala. Obtocz kulki w cukrze i umieść je na arkuszach w odległości około 2 cali.

d) Piecz przez 15 minut, aż blaty będą lekko odporne na delikatny nacisk palcami.

e) Schłodzić na stojaku.

97. Snickerdoodles o niskiej zawartości tłuszczu

Wydajność: 1 porcja

Składniki

- 1½ szklanki cukru
- ½ szklanki margaryny
- 1 łyżeczka wanilii
- ½ szklanki zamiennika jajka
- 2¾ szklanki mąki
- 1 łyżeczka kremu z tatara
- ½ łyżeczki sody oczyszczonej
- ¼ łyżeczki soli
- 2 łyżki cukru
- 2 łyżeczki cynamonu

Wskazówki

a) Ubij 1½ szklanki cukru i margaryny na jasno. Ubij w wanilię i substytut jajka. Wymieszaj mąkę, śmietankę tatarską, sodę i sól. Ciasto schłodzić około 1 - 2 godzin.

b) Połącz 2 łyżki cukru i cynamonu. Uformuj ciasto w kulki o średnicy 48 - 1 cala. Obtocz w mieszance cukru i cynamonu.

c) Umieść kulki na arkuszach ciastek, które zostały spryskane Pam.

d) Piec w 400 przez 8 do 10 minut. Schłodzić na drucianych stojakach.

98. Snickerdoodles pełnoziarniste

Wydajność: 60 porcji

Składniki

- 1½ szklanki cukru
- 1 szklanka masła, zmiękczonego
- 1 jajko plus
- 1 białko jajka
- 1½ szklanki mąki pełnoziarnistej
- 1¼ szklanki mąki uniwersalnej
- 1 łyżeczka sody oczyszczonej
- ¼ łyżeczki soli
- 2 łyżki cukru
- 2 łyżeczki mielonego cynamonu

Wskazówki

a) W misce utrzeć cukier i masło na puszystą masę. Dodaj jajko i białko jajka; bić dobrze. Połącz suche składniki; dodać do ubitej masy i dobrze ubić. W małej miseczce połącz polewa składniki.

b) Uformuj ciasto w kulki wielkości orzecha włoskiego; obtocz w cukrze cynamonowym.

c) Umieść 2 w odseparowanych blachach do pieczenia. Piec w 400 przez 8-10 minut.

d) Ciasteczka dobrze nadymają się i spłaszczają podczas pieczenia.

99. Snickerdoodles z ajerkoniakiem

Wydajność: 48 porcji

Składniki

- 2¾ szklanki mąki uniwersalnej
- 2 łyżeczki kremu tatarskiego
- 1½ szklanki cukru
- 1 łyżeczka sody oczyszczonej
- 1 szklanka zmiękczonego masła
- ¼ łyżeczki soli
- 2 jajka
- ½ łyżeczki ekstraktu z brandy
- ½ łyżeczki ekstraktu z rumu

Mieszanka cukru

- ¼ szklanki cukru lub cukru kolorowego
- 1 łyżeczka gałki muszkatołowej

Wskazówki

a) Rozgrzej piekarnik:400 W 3 kwarty. miska miksera łączy wszystkie składniki ciasteczek.

b) Ubijaj na niskich obrotach, często zeskrobując boki miski, aż dobrze się wymiesza (2 do 4 min.).

c) W małej misce wymieszać mieszankę cukru; wymieszać, aby zmiksować. Z zaokrąglonej łyżeczki ciasta uformować kulki o średnicy 1 cala; obtoczyć w mieszance cukru.

d) Umieść 2 cale od siebie na nienatłuszczonych blaszkach do ciastek. Piecz blisko środka piekarnika 400 przez 8 do 10 min. lub do momentu, gdy brzegi się lekko zarumienią.

100. Snickerdoodles czekoladowe

Wydajność: 1 porcji

Składniki

- 2¼ szklanki cukru
- 2 łyżeczki przyprawy do ciasta dyniowego
- ½ szklanki proszku kakaowego
- 1 szklanka masła, zmiękczonego
- 2 jajka
- 2 łyżeczki ekstraktu waniliowego
- 2¼ szklanki mąki
- 1½ łyżeczki Proszek do pieczenia

Wskazówki

a) W dużej misce miksera wymieszaj cukier i przyprawę; odstawić ½ szklanki mieszanki w płytkiej misce.

b) Dodaj proszek kakaowy do miski miksera; wymieszać, aby zmiksować. Dodaj masło; ubijaj ze średnią prędkością, aż będzie puszysta.

c) Wymieszaj jajka i wanilię. Dodaj mąkę i proszek do pieczenia.

d) Uformuj ciasto w kulkę i rozwałkuj w zarezerwowanej mieszance cukru.

e) Powtórz procedurę z pozostałym ciastem i umieść 2 cale od siebie na natłuszczonych arkuszach ciastek.

f) Piecz w piekarniku o temperaturze 350 stopni przez 12-15 minut lub do momentu, gdy brzegi będą jędrne. Schłodzić na ruszcie.

g) Robi około 4 $\frac{1}{2}$ tuzina ciasteczek.

WNIOSEK

Kto nie kocha ciasteczka. Pomyśl tylko: bez piekarników nie mielibyśmy tych pysznych smakołyków. W rzeczywistości ciastko zostało wynalezione w czasach przed termostatami, aby sprawdzić, czy prymitywne piekarniki mają odpowiednią temperaturę do pieczenia ciast. Zamiast zepsuć całe ciasto, najpierw przetestowano „małe ciastko" lub ciasteczko. Nikt wtedy nie przypuszczał, że „tort próbny" stanie się smakołykiem z własnymi urokami.

Ciasteczka są małymi, słodkimi, płaskimi, suchymi ciastkami – jednoporcjowe przekąski. Są one na ogół na bazie mąki, ale mogą być bezmączne – na przykład z białek jaj i / lub migdałów, takich jak makaroniki – lub z mąki bezglutenowej, takiej jak mąka ryżowa. Ciasteczka mogą być miękkie, gumiaste lub kruche. Mogą być duże lub małe, proste lub fantazyjne. Mogą być proste – masło i cukier – lub złożone, z mnóstwem składników, lub uformowane w kanapki z ciasteczkami, dwie warstwy i nadzienie. Ale zaczęło się dawno temu, nie jako smakołyk czy pocieszenie, ale jako regulator piekarnika!

www.ingramcontent.com/pod-product-compliance
Lightning Source LLC
Chambersburg PA
CBHW070651120526
44590CB00013BA/918